말과 글의 풍경

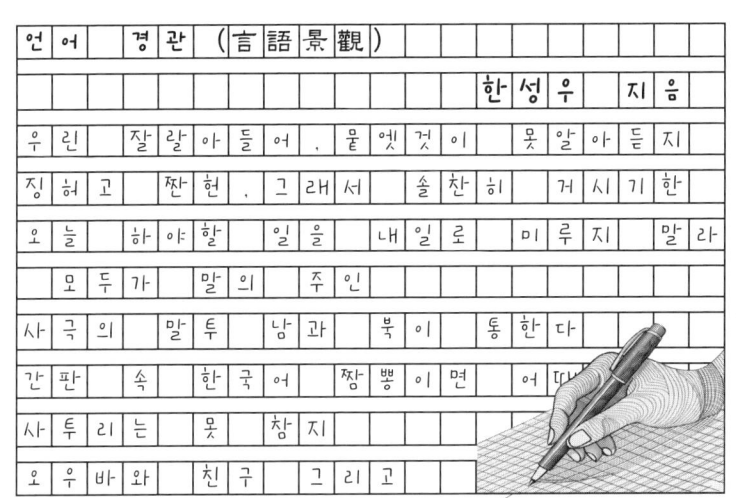

말과 글의 풍경

거리의 언어들, 생활어의 풍경들
국어학자와 함께 살펴보는 언어 경관

알렙

들어가며

　말과 글을 그림으로 그려낼 수는 없을까요? 30년이 넘는 세월 동안 국내외의 여러 곳에 방언 조사를 다니면서, 보고 듣고 느낀 것을 다른 이들과 나누고 싶었습니다. 새롭고 재밌고 뜻깊은 말과 글의 모든 것을 함께 나누고 싶었습니다. 기록해 두지 않으면, 사진을 찍어 두지 않으면 사라지는 말과 글의 향기를 글로 남겨 두고 싶었습니다. 이 책은 이토록 작고도 소박한 소망을 이루기 위한 책입니다.

　말과 글은 늘 시간과 공간이 교차하는 지점에 놓여 있습니다. 우리는 '지금 이곳'의 말과 글을 쓰지만 다른 이에게는 '그때 그곳'의 말과 글이 됩니다. 따라서 우리가 살아가는 '지금'과 '이곳'의 말과 글을 자신의 필치로 그려내면 다른 이에게는 눈으로 보고 가슴으로 느낄 만한 풍경이 됩니다. 오늘을 살아가는 이의 '이곳'은 '낯선 땅'일 수도 있고 어디에든 있는 '삶의 현장'일 수도 있습니다. 낯선 땅은 바로 지역이고, 삶의 현장은 장소입니다. 이 책은 국내외의 여러 지역, 그리고 그곳에서 맞닥뜨리는 장소의 풍경을 모은 것입니다.

제가 배우고 연구하고 가르치는 언어학의 연구 분야 중 비교적 최근에 주목받고 있는 것 중의 하나가 바로 '언어 경관(Linguistic Landscape)'입니다. 어떤 공간이든 그 지역과 장소의 특성을 드러내는 말과 글이 있는데 그것이 보여주는 경관에 대해 연구하는 분야입니다. 눈을 통해 들어오는 거리의 표지판, 상점의 간판, 낯선 이를 위한 안내문, 그리고 귀를 통해 들어오는 낯선 말들이 연구의 대상입니다. 이러한 대상을 연구 논문이나 책이 아닌 말랑말랑한 글로 함께 나누고자 합니다.

서울의 세종대로에서 목포역까지 1,660리에 이르는 국도 1호선의 풍경, 20여 년 전에 기획한 이 책의 시작은 이러했습니다. 우리나라의 대표적인 남북 종단 도로를 타고 누비며 보고 들은 것들을 꼼꼼하게 글로 그려내고 싶었습니다. 오랫동안 가슴속에만 간직해 오던 이 소망은 드디어 알렙 출판사와 경향신문 덕에 이룰 수 있었습니다. 출판사의 주선으로 2024년 1년 동안 26회에 걸쳐 경향신문에 연재하며 국내외 여러 지역과 장소의 말과 글의 풍경을 그려내었습니다.

한라에서 백두까지, 남녘의 제주에서 북녘의 두만강 너머 연변까지 각 지역의 풍경을 담아보았습니다. 생선 비린내가 진동하는 인천의 소래포구 어시장부터 새로운 시대를 향한 외침이 넘쳐나는 시위 현장까지 다양한 장소의 모습을 그려보았습니다. 공사 현장의 '노가다'의 말부터 접두사 'K'가 붙는 한국어 연구자의 말까지 꼼꼼하게 살펴보았습니다. 문해력이 부족하다 놀림을 받는 젊은 세대의 말부터 수천 년의 우리 역사를 다룬 사극의 말까지 시대를 오가며 말과 글을 들여다보았습니다.

눈으로 보기에 아름답고 귀로 듣기에 달콤한 풍경을 그린 것은 아닙니다. 우리의 말과 글에 대한 자부심은 넘쳐야 하지만 그것이 '국뽕'이 되지 않으려는 노력의 필요성도 함께 언급했습니다. 이 땅의 모든 말에 대한 깊은 애정을 담으면서도 그 말에 대한 오해와 불신을 씻기 위해 우리 모두가 애써야 한다는 목소리도 담았습니다. 시간의 흐름에 따라 변화하는 말들에 대해 더 잘 이해할 방법과 태도, 그리고 그 흐름에 힘을 보탤 수 있는 길도 모색해 보았습니다. 그리하여 우리 모두가 함께 그려 갈 말과 글의 풍경을 제시해 보았습니다.

오랜 기간 머릿속에만 있던 것을 비로소 글로 쓸 수 있게 해 주신 조영남 대표님께 감사드립니다. 거친 원고를 받아 신문에 실릴 만한 글로 바꾸어 주신 경향신문의 허진무, 박송이 두 기자님과 원고를 꼼꼼히 살피고 멋진 제목까지 붙여 주신 편집부 모든 분들께 감사의 말씀을 전합니다. 많은 분들이 응원하고 도와주셨지만 어딘가에 있을 부족한 점은 앞으로 더 보완하도록 노력하겠습니다.

눈을 뜨면 보이는 말과, 귀를 열면 들리는 말, 우리는 모두

이 풍경 속에서 살고 있습니다. 이 책이 무심했던 이 풍경에 관심을 가지는 계기가 되길 소망합니다. 우리 모두가 이 풍경을 좀 더 아름답고 멋지게 가꾸어 나가는 데 동참하게 되기를 바랍니다.

2025년 9월,
새벽부터 보이고 들리는
상쾌한 가을 풍경을 즐기며 씁니다.

차례

0 프롤로그
말과 글의 풍경을 찾아 떠나는 여행 · 14

1 이 땅의 모든 말과 글

01 제주의 말:
이 땅의 모든 말과 함께하는 제주말의 블루스 · 21
02 전북 '징게맹겡' 들판의 말:
징허고 짠헌, 그래서 솔찬히 거시기한 말의 향기 · 31
03 서울역의 말:
사람도, 문화도, 말도 어서 타세요, '세계행' 열차 출발합니다 · 41
04 백령도의 말:
통일을 기다리며, 최북단 섬에선 '한국어 융합 실험' 진행 중 · 51
05 북녘의 말:
규범이 남북의 말을 갈라도, 통하다 보면 통일도 온다 · 61

2 삶의 향기가 스민 말과 글

01 소래포구 어시장에 가다:
시끌벅적 팔도 언어 '모듬', '싯가' 따라 크고 작은 행복 한 접시 · 75
02 옛날 다방에 가다:
가슴 설렌 '약속' 지금 어디에, 옛날식 다방에선 '추억'을 판다 · 85
03 당구장에 가다:
공뿐 아니라 말들이 부딪치는 공간, 청산 대상 된 '쫑' '삑사리'는 억울하다 · 95

04 부산 사직야구장에 가다:
  사라진 "아 주라" 구호, 미래 세대의 말을 향한 기대와 애정이 되길 · 105
05 종합병원에 가다:
  아픈 환자에게 필요한 건 약뿐 아니라 따뜻한 '소통의 말' · 115
06 음악회장에 가다:
  음표라는 작곡가의 말을 자신의 말로 표현하는 연주는 '첨언'이다 · 125

3 세계를 품은 말과 글

01 중국 옌볜의 경관:
  '오우바'와 '친구' 손잡고 경계를 넘어 '꽃길'로 가자 · 137
02 뉴욕에 가다:
  간판 속 한국어 '짬뽕'이면 어때, K 문화가 세계로 뻗어나가잖아 · 147
03 도쿄에 가다:
  도쿄, 혹은 동경에서 점쳐 보는 한자와 한자어의 미래 · 157
04 중국집의 짬뽕어:
  깐풍기·마라탕·경장육슬, 알면 알수록 '짬뽕'인 중국집 메뉴판 · 167
05 한국학 국제학술회의에 가다:
  산 넘고 물 건너는 한국어 · 179

4 시간의 흐름이 담긴 말과 글

01 사극의 말투:
  "성은이 망극하옵니다"에 식상? 그 말투로 과거와 현재, 남과 북이 통한다 · 191
02 신세대의 어휘력 논쟁:
  중요한 것은 소통, '금일'을 모른다면 '오늘'을 쓰면 된다 · 201

03 한글박물관:
　뻐카충·댕댕이·띵작, '자유분방 한글' 또한 세종대왕의 정신 · 213
04 '오빠'의 성장기:
　가정 울타리 넘어간 '호칭'은 무죄, 그 대상이 합당한 행동만 한다면 · 223
05 시위 현장의 말글 변화:
　처절함 대신 친근함, 지금 시위 구호는 '질서 있는 교체 중' · 235

5 말과 글의 최전선

01 노랫말:
　노랫말·제목 영어 물결, 시대 흐름 맞춘 유행일까, 몰입 방해일까 · 247
02 현장 전문가의 말:
　'노가다 용어'라며 시비 걸기보다 '건설 전문가의 말'로 존중해야 · 259
03 띄어쓰기의 역사:
　알면 알수록 어렵게 느껴지는 '띄어쓰기', 규정보다 소통이 먼저다 · 271
04 서울말:
　전국 각지 사람이 모여 사는 서울, 서울말은 융합과 포용의 말 · 283

6 에필로그

한글날:
외국어·신조어 판쳐도 한국어는 여전히 건강, 자학하지 말지어다 · 294

0 프롤로그

말과 글의 풍경을 찾아 떠나는 여행

　1997년 8월 새벽 4시 중국 지린성 옌볜 조선족자치주 도문시 삼합진, 어렴풋이 날이 밝아오기는 하지만 너무도 이른 새벽인데 밖은 너무도 소란스럽습니다. 알아들을 수 있는 동포들의 조선말 반과, 위아래로 오르내리는 것만 들리는 한족의 중국말 반입니다. 창밖의 간판도 한글과 간단하게 줄여 쓴 한자가 반반이라 헷갈리는데 이 땅의 닭마저 조선족이 키우는 닭은 '꼬끼오'라고 우는 데 반해 한족이 키우는 닭은 '워워워(喔喔喔)'라고 울어 더 혼란스럽습니다. 이날 새벽의 풍경은 초점은 정확하지만 색채는 없는 흑백사진으로 또렷하게 남습니다.
　2024년 12월 13일, 내란을 일으킨 대통령에 대한 두 번째 탄핵소추안 표결을 앞두고 서울 여의도에서 열린 범국민촛불대행진 참가자들은 다양한 손팻말을 들고 구호를 외칩니다.

유머가 넘치는 각종 깃발과 저마다의 손에 들린 응원봉도 새롭지만, 탄핵을 바라는 마음을 담은 문구, 구호, 노래도 새롭습니다. 이 모든 것이 또한 새로운 풍경을 만들어 내고 있습니다. 세대와 성별을 달리하면서도 하나로 결집되는 구호와 문구가 지금 이곳에서 살아가는 이들의 모습을 찬란한 컬러사진으로 보이게 합니다.

이런 풍경을 그리려면 명확한 구도가 있어야 합니다. 그 구도의 두 축은 역시 시간과 공간입니다. 세월의 흐름에 따라 말과 글이 달라지는 것은 누구나 경험합니다. 같은 시대를 살더라도 다른 공간에서는 다른 말과 글이 쓰이는 것도 모두가 알고 있습니다. 지역에 따라 서로 다른 말을 쓰고 사람마다 주어지는 삶의 현장마다 다른 말을 씁니다. 같은 사람이라도 가정에서, 일터에서, 모임에서 각기 다른 말을 씁니다. 언어를 연구하는 이들은 이러한 다양한 말을 차례로 시간방언, 지역방언, 사회방언이라 하는데 이런 것들이 말과 글을 그린 풍경화의 기본적인 구도가 됩니다.

1부에서는 이 땅의 모든 말과 글을 찾아 떠나봅니다. 남쪽 끝 제주도에서 북쪽 끝 백령도까지, 그 사이에도 수없이 많은 지역의 서로 다른 말들이 있으니 각 지역의 특색과 삶의 모습이 잘 드러나는 곳의 말과 글을 그렸습니다. 전국 각지로 연결되는 서울역에서 기차를 타고 가다 보면 산은 보이지 않고 오로지 하늘과 맞닿은 땅만 보이는 김제와 만경의 들에서 쓰이는 말과 글도 살펴보았습니다. 그리고 어느 순간부터 우리의 머릿속에서 잊힌 북녘땅의 말도 들여다보면서 통일 이후의 말과 글에 대한 생각도 펼쳐 보았습니다.

2부에서는 삶의 향기가 스며 있는 곳을 찾아 발품을 팔아보았습니다. 삶은 곧 '먹고 사는 것'이니 수많은 먹거리들이 오가는 어시장이 가장 먼저입니다. 누군가를 기다리며 향기로운 커피를 마시던 추억을 되살리기 위해 '그야말로 옛날식 다방'에도 오랜 시간 앉아 있어 보았습니다. 과거에는 건달들의 놀이터로 인식되던 당구장, 남녀노소를 불문하고 응원의 목소리를 높이는 야구장에서 오고 가는 말과 글도 담아보았습니다. 가지 않는 것이 좋지만 건강하게 오래 살기 위해서 가야 하는 병원, 그리고 마음의 위로를 얻기 위해서 귀를 호강시키는 음악회장의 말과 글도 그려보았습니다.

3부에서는 세계로 뻗어 나가는 우리의 말과 글을 담아 보았습니다. 나라가 달라지면 말도 달라지지만, 중국의 연변과 미국의 뉴욕에서 듣고 보게 되는 말과 글을 통해 우리의 말이 세계 속에 어떻게 자리를 잡고 있는가를 알아보았습니다. 한자를 공유하고 있는 일본의 도쿄, 한자와 중국어에 바탕을 두고 있는 중국 음식점의 메뉴판을 살펴보며 한중일 세 나라를 회유하는 말의 흐름도 정리해 보았습니다. 그리고 최근에 부쩍 관심이 높아진 접두어 'K'가 중심을 이루고 있는 한국학 국제학술회의 장에서의 자랑스러운 한국어도 들어보았습니다.

4부에서는 시간의 흐름 속에서 달라져 온 말들의 자취를 밟아보았습니다. 오늘을 살며 과거를 돌아보는 사극에서의 말투를 통해 같으면서도 다른 말의 흐름을 살펴보았습니다. 젊은 이의 말은 늘 다르기 마련이고 그 다른 말들이 언어의 변화를 일으키는 것인데도 불구하고 문해력이 부족하다고 비난을 받는 젊은 세대의 마음이 되어 보았습니다. 자랑스러운 한글을 기리는 한글박물관은 말과 글의 변화를 어떻게 전시하는지, 우리에게 너무도 자랑스러운 호칭인 '오빠'는 어떠한 시대적 변화를 담고 있는지, 그리고 오늘을 사는 이들의 정치적인 구호는 어떠한지도 세세하게 그려보았습니다.

5부에서는 무심하게 겪고 보내는 일상에서 나타나는 치열한 말과 글의 변화를 살펴보았습니다. 매일 흥얼거리는 우리의 노래는 시대의 변화를 어떻게 반영하고 있는지, 삶의 현장에서 땀을 흘리는 이들은 어떤 말로 소통하면서 시대의 한 단면을 어떻게 장식하는지 돌아보았습니다. 쉽지만 어렵게 느껴지는 띄어쓰기는 어떠한 역사적 흐름을 담고 있는지, 표준말의 바탕이 된 서울말은 어떤 특징이 있는지도 살펴보았습니다. 그리고 마지막, 우리의 자부심이 응축된 한글을 우리는 어떤 태도로 대해야 하는지 의견을 보태보았습니다.

이렇게 그려낸 다섯 묶음의 풍경화가 우리의 말과 글 모든 것을 다 보여줄 수는 없습니다. 지금 이 순간을 사는 모든 이들은 자신들이 사는 지역과 장소에서 그들의 말을 하며 새로운 역사를 만들어 내고 있습니다. 이들이 곧 말의 주인이고, 이들의 말이 곧 한국어입니다. 따라서 이 책에 그려놓은 것은 말과 글에 대한 풍경 중 일부일 뿐이고 우리가 매일 겪는 삶 속에서의 말과 글이 진정한 풍경입니다. 그리고 그 속에 우리 모두가 풍경화의 주인공입니다.

  주인공인 우리 모두가 매일 그려내는 말과 글의 풍경을 스스로 돌아보며 더 아름답게 그려나가기를 바라는 것이 이 책의 궁극적인 목적입니다. 눈을 뜨면 보이는 글을 주의 깊게 살펴본다면, 귀를 열면 들리는 말을 찬찬히 들어본다면 그것들의 아름다움이 느껴지기 시작합니다. 그 모든 것이 우리가 주인이 되어 만들어 나가는 것임을 알게 된다면 그것을 아끼고 사랑해야 하는 이유를 스스로 깨닫게 됩니다. 그렇게 모두가 주인공이 되고 화가가 되어 함께 만들고 그려나가는 말과 글의 풍경이 되기를 소망해 봅니다.

1 이 땅의 모든 말과 글

제주의 말은 사라지지 않습니다.
다만 제주 사람들의 선택에 따라 조금씩 변화하고 있을 뿐!
제주 고유의 말만 고집하는 것은 고립과 단절의 태도입니다.
육지의 말과 서로 섞이며 '우리의 말'로 자연스럽게 변화해 가야 합니다.

[01]

제주의 말

이 땅의 모든 말과 함께하는 제주말의 블루스

▌ 가깝고도 먼 해외(海外),
▌ 설렘과 두려움으로 떠나는 제주 여행

해외여행은 늘 가슴이 설렙니다. 비행기가 뜨자마자 곧 내릴 준비를 하는 듯 가까운 곳에 있지만, 바다 건너에 있으니 뭍의 사람들에게 제주 여행은 해외여행이죠. 해외여행은 색다른 풍광과 별난 먹거리에 대한 기대감, 그리고 처음 만나는 사람들의 다른 언어에 대한 두려움을 가지고 떠납니다. 하지만 제주도는 바다 건너에 있어도 우리나라 사람이 우리말을 쓰는 곳이니 마음이 놓입니다. 그렇게 방심하고 있다가 제주 땅에 들어서면 눈과 귀로 밀려드는 낯선 표기와 말에 당황하게 되죠. 이 당황스러움을 누군가는 흥미로워하고 누군가는 불편해합니다.

제주도는 다릅니다. 우리 땅이지만 먼바다에 화산 폭발로 우뚝 솟은 섬이니 육지와 많은 것이 다를 수밖에 없습니다. 뭍에 사는 이들은 그 다른 것을 즐기려고 가지만 말이 다른 것은 즐기려고 하지 않습니다. 제주도는 섬이죠. 고립과 단절의 좁은 공간이니 이곳에서 태어난 사람들은 넓은 뭍에서의 삶을 꿈꿉니다. 그렇게 오고 가는 사람들로 인해 제주도 말이 조금씩 바뀌어 가는 것은 당연합니다. 그런데 제주어에 대한 사랑이 깊은 이들은 제주어의 오염과 소멸을 염려합니다. 모두가 틀렸습니다. 제주도는 다르지만 같은 우리의 땅이고, 다르지만 같은 제주말은 영원히 사라지지 않습니다.

제주의 닭은 '곳고닥' 운다

> '말(語)'과 '말(馬)',
> 제주에서는 소리부터 다르다

제주도 탐방 일정을 잡은 후 방언을 연구하는 제주대 교수에게 '제주도의 지역성과 제주에만 있는 공간성'이 '말'로 잘 드러나는 곳에 대한 도움을 청했습니다. '제주도는 말의 땅이니 말 목장에 가보는 것은 어떨까요'라는 답변이 돌아옵니다. 말인가요 막걸린가요? 처음엔 말장난인가 싶었는데 곱씹어보니 절묘합니다. 뭍의 말에서 '말(語)'과 '말(馬)'은 길이나 높낮이로 구별되죠. 그런데 제주도에서는 말소리 자체가 달라서 '말

(語)'은 뭍의 말과 발음이 같지만 '말(馬)'은 'ᄆᆞᆯ'입니다. 세종대왕 시절에는 소리와 글자가 모두 있었으나 뭍에서는 사라지고 제주도에만 남은 소리입니다.

그래서일까요? 뭍에서는 '꼬꼬댁'으로 적는 닭의 울음소리를 제주도 사람들은 'ᄀᆞᆺ고닥'으로 듣나 봅니다. 옛말에 있었던 'ㅏ'와 'ㆍ'를 귀로 구별하고 입으로 발음할 수 있는 제주말의 특성이 잘 드러나는 사례입니다. 그런데 지금은 다릅니다. 'ㆍ'가 'ㅗ'로 바뀌기 시작해 'ᄆᆞᆯ'은 '몰'이고 'ᄯᆞᆯ'은 '똘'이고 'ㅏ'를 가진 대표적인 단어인 'ᄒᆞ다'는 진작에 '허다'로 바뀌었습니다. 제주말이 '오염'되어 가는 것일까요? 사람들이 자존심 없이 뭍의 말을 흉내 내는 것일까요? 제주말은 점점 사라져 가는 것일까요?

『돌하르바님 어떵ᄒᆞ문 좋고마씀』이란 산문집에서 제주의 작가들은 제주어가 차츰 사라져 가는 현실을 어떻게 해야 하는지 돌하르방에 하소연합니다. 큰일이네요. 제주어가 사라진다니요. 안타깝지만 방언 연구자의 시각으로 보자면 이들은 틀렸습니다. 옛날에 제주에서만 쓰던 말만이 제주말인가요? 제주 사람들끼리만 통하는 말이 제주말인가요? 오늘날의 제주 사람들이 쓰는 말은 오염된 말인가요? 전통을 지키고 오염을 방지하기 위해 제주말을 박물관이나 민속촌에 가둬야 한다는 말인가요?

'ᄆᆞᆯ'이 '몰'이 되어도 이 말은 제주의 말입니다. 'ㆍ'가 뭍에서는 대부분 'ㅏ'로 바뀌었는데 제주도에서 'ㅗ'로 바뀐 것은 제주어만의 고유한 변화입니다. 닭이 '긋고닥' 하고 울다가 '꼬꼬댁' 하고 울더라도 이 닭은 제주의 닭이고 그 소리를 듣는 사람들은 제주도 사람이죠. 야생마는 풀밭에 풀어놓으면 스스로의 힘으로 성장하고 번식하듯이 제주도의 말도 그렇게 대를 이어 변해 온 것입니다. 오히려 옛날 제주의 말을 그대로 써야 한다는 생각이 말(語)을 말(馬)처럼 길들이려는 생각입니다.

우린 잘 랄아들어, 뭍엣것이 못 달아듣지

> 큰나덜=큰아들, 금묘일=금요일
> 앞 글자의 받침이 복사되는 마법

제주 토박이조차도 잘 알아차리지 못하지만 뭍에서 온 연구자를 화들짝 놀라게 하는 것이 '큰나덜, 지집바이' 등에서 관찰되는 현상입니다. 표준어의 '큰아들, 계집아이'인데 도대체 어떻게 된 일일까요? '물옷이 '물롯'이 되고 '금요일'이 '금묘일'이 되는 것도 마찬가지입니다. '아덜, 아이, 옷, 요일'처럼 첫소리가 없는 단어가 받침이 있는 단어와 결합될 때 앞의 소리가 '복사'되는 것이죠. 이렇게 단어에서만 나타나는 줄 알았는데 '당근밧데(당근밭에)' '물건갑비(물건값이)' 등에서도 나타납니다.

더 놀라운 것은 60년 넘게 물질을 해온 제주 해녀의 이 말입니다. '뭍에서'는 물론 '잘 알아들어'와 '못 알아듣지' 등과 같은 구절에서도 소리의 복사 현상이 나타납니다. 제주 해녀의 말을 한 시간 가까이 듣다 보니 점점 '잘 랄아듣게' 되죠. 그런데 순전한 제주어로 말하는 팔순의 해녀는 뭍에서 온 이들의 말을 처음부터 '잘 랄아듣고' 있습니다. 어찌 된 일일까요? 표준어와 제주어가 다른 만큼 제주어가 표준어와 다른데 이 할망은 따로 훈련이라도 받은 것일까요?

아닙니다. 제주 사람들은 모두 특별한 능력을 가졌습니다. 제주어뿐만 아니라 표준어를 완벽하게 알아 말하고 들을 줄 알죠. 뭍의 말과는 많이 달라서 뭍에서 온 사람들과 소통이 어려우니 그들과 소통하기 위해 표준어를 익힙니다. 인위적으로 익힌 표준어이니 '서울 사투리'를 쓰면서 표준어 화자라고 믿는 서울 사람보다 더 완벽한 표준어 화자일 수도 있습니다. 이처럼 제주도 사람들은 이중언어 화자로서 뭍에서 온 사람들과 소통할 준비가 되어 있습니다.

문제는 뭍에서 온 사람, '뭍엣것'이죠. '섬것'은 소통할 준비가 되어 있는데 뭍에서 온 이들은 그렇지 않습니다. 제주어가 많이 달라 소통이 안 될 수 있다는 것을 잘 알면서도 아무런 준비 없이 제주도에 옵니다. 해외에 가면 못 먹고, 못 싸고, 못 잘까 봐 단어 몇 개라도 외워서 가는데 가까운 해외인 제주도에 올 때는 빈 머리와 빈 가슴으로 옵니다. 그러니 제주도 사람들이 뭍의 말을 잘 '랄아듣고' 뭍의 사람들이 '잘 알아들을' 수 있는 뭍의 말을 씁니다.

'뭍엣것'이나 '무테꺼'는 지극히 조심스러운 말이죠. 긴 세월 동안 탄압과 소외를 당해 온 제주 사람들, 특히 70여 년 전 4·3 사건을 겪은 제주 사람들이 가진 육지 사람들에 대한 반감, 두려움, 거부감이 담긴 말입니다. 이에 대응하여 자신들을 '섬것'이라고 부르지만 이 또한 꺼려지는 말이에요. 색다른 섬의 모습을 기대하고 찾아온 뭍의 사람은 아무런 죄가 없습니다. 그러나 혹시라도 색다른 볼거리와 먹거리는 기대하면서 색다른 말에 대해서는 거부감을 가진 뭍엣것이라면 반성할 일이죠. 색다른 말도 제주의 매력 중 하나이고 이 섬에 사는 이들은 뭍에서 온 사람들과 통할 준비가 되어 있습니다.

삼달리 블루스

> 제주도 배경 인기 드라마 덕에
> 제주말이 좀 더 생생하게 알려져

제주어가 가장 어렵게 느껴지는 부분은 조사나 어미 등입니다. 'ㆍ' 소리는 귀가 민감해야 들리고, 들리더라도 일정하게 나타나니 '말' '믈' '몰'이라 발음해도 '말'이라 들으면 됩니다. '오름'이나 '코지' 같은 생경한 말은 각각 작은 기생화산과 바다로 툭 튀어나온 땅을 뜻하는 '곶'이란 것을 알고 나면 금세 적응되죠. 그러나 "돌하르방 어디 감수광?"에서 '갑니까'를 뜻하는 '감수광'은 낯선 어미 때문에 처음에는 알아듣기 어렵습니다. 나아가 "제주도 사투리로 말 호난 무신 거예 고람신디 몰르쿠게?(제주도 사투리로 말하니까 뭐라고 말하는지 모르겠지요?)"는 암호처럼 들리죠.

제주도 사람들의 제주어에 대한 사랑은 깊고 고민은 많습니다. 제주도의 풍광만큼이나 다른 지역의 말과 큰 차이를 보이는 제주도의 고유한 말은 제주도의 자산이자 제주도 사람의 자부심이기도 합니다. 그래서 제주도 사람들은 순전히 제주어로만 된 노래 「몬딱 도르라」, 시집 『나 마암에 불 삼암서 마씀』 등을 만듭니다. 그러나 안타까운 것은 이 노래와 시가 '모두 함께 달리자'나 '내 마음에 불을 때고 있다'란 뜻을 다른 지역 사람, 심지어 제주의 젊은이들도 모른다는 것이죠. 노래는 같이 불러 즐기고 시는 같이 읽어 느끼자는 것인데 그럴 수 없어 안타까운 현실입니다.

이런 점에서 드라마 「우리들의 블루스」나 「웰컴투 삼달리」가 고맙습니다. 제주도를 배경으로 한 것은 물론 제주도 사람들이 주인공이고 이들은 제주말을 씁니다. 제주말을 잘 아는 이들의 시각으로 보면 완벽한, 혹은 정확한 제주어가 아닙니다. 표준어에 오염된, 혹은 제주와 제주어를 잘 모르는 뭍엣것의 시각이 묻어 있을 수도 있습니다. 그러나 이 드라마의 힘은 너무도 큽니다. 제주어가 이상하거나 절대 못 알아들을 말은 아니라는 사실을 온 세상에 알렸죠. 제주말로도 따뜻하고 정겨운 마음을 주고받을 수 있다는 것을 알렸습니다. 제주말도 모두와 함께 통할 수 있는 '이 땅의 모든 말' 중 하나임을 증명

했어요.

　제주어의 순수성을 고집하며 있는 그대로 보존해야 한다고 믿는 이들이 돌아봐야 하는 지점입니다. 바다로 둘러싸인 섬은 고립과 단절의 공간이죠. 하지만 제주도가 고립과 단절의 공간이 되기를 원하는 이들은 없습니다. 제주말의 순수성과 고유성만을 고집하는 것은 고립과 단절의 길로 가는 것이죠. 젊은이들이 표준어나 다른 지역의 말을 적당히 섞어 쓰는 것은 자연스러운 변화이자 다른 지역으로의 도약이나 다른 지역과의 연대를 위한 폭넓은 발걸음이기도 합니다.

　며칠 동안 제주어 조사를 같이한 '어쩌다 섬것'과 제주도에서 직장 생활을 하는 '어쩌다 늘 섬것'의 행태가 묘하게 대비됩니다. 하나는 방언 전시를 위해 잠시 제주에 왔고, 다른 하나는 타지에서 와 10년째 직장 생활을 하고 있으니 둘 다 본디 뭍엣 것이죠. 그러나 하나는 사흘 만에 해녀들의 말을 다 알아듣고 소통하는데 다른 하나는 10년이 넘도록 제주 사람과 소통하지 못하고 있습니다. 심지어 제주어는 절대로 알아듣지 못할 말이라고, 제주말을 알아듣는다고 믿는 것은 '번역'을 보고 안다고 착각하는 것일 뿐이라 말합니다.

　씁쓸합니다. 제주에 발령받자마자 육지로 전출 신청을 해 놨다는, 늘 육지만 바라보고 섬과 거리를 두는 이의 모습이 씁쓸하네요. 이와 마찬가지로 늘 제주도만 바라보고 제주어는 순수해야 한다고 믿는 이들의 모습도 씁쓸합니다. 몸을 들썩이게 하는 블루스 음악이 나오면 저마다 무대로 나서서 춤을 취야 합니다. 이 무대는 제주의 삼달리일 수도 있고 서울의 어딘가일 수도 있습니다. 어디서든 섬의 사람과 뭍의 사람이 어울려 흥겹게 즐기면 됩니다. 제주의 말도 그렇게 자연스러운 블루스 선율에 맡기면 되죠.

제주를 배경으로 하고 제주말을 잘 살린 드라마들. 제주 토박이에게는 완벽한 제주말이 아닐 수 있지만 뭍의 사람들에게 제주말을 알리는 데 많은 공헌을 했습니다.

최명희문학관의 글귀.
최명희의 표현대로 꽃심을 지닌 땅의 말에서는 징하고 짠한 향기가 나서 거시기해집니다.

[02]

전북 '징게맹겡' 들판의 말

징허고 짠헌, 그래서 솔찬히 거시기한 말의 향기

> 서울과의 거리에 따라 표준어 사용자라는 의식과
> 토박이 방언 화자라는 자부심이 교차

표준어는 지독한 구심력이 있습니다. 사대문 안에 사는 사람들의 '서울말 부심'은 대단한데 이들은 성저십리(城底十里), 즉 도성 밖 십 리까지는 서울말을 쓰는 것으로 쳐줍니다. 서울 남쪽의 용인을 지나 남쪽으로 갈수록 충청도 말의 냄새가 짙게 풍기는데 자신들은 서울말을 쓴다고 믿습니다. 아산만을 건너 내포에 들어서면 속 터지는 진짜배기 충청도 말이 펼쳐지지만 조금은 겸연쩍어하면서도 우리는 표준말을 쓰는데 '저 남쪽'은 전라도 말을 쓴다고 하죠. 이들의 말대로 충청도 남쪽의 말은 언뜻 들으면 전라도 말인 듯한데 이들은 자신들이 쓰는 말까지는 표준말이고 금강을 건너면 전라도 말이라고 합니다.

금강을 건너면 표준어의 구심력이 약해져 전라북도 사람들은 자신들의 말은 그래도 서울말과 가까운데 저 아래 사람들은 심한 사투리를 쓴다고 합니다. 저 아래의 전라남도 사람들은, 자신들은 진짜배기 남도 말인데 저 위쪽 사람들은 충청도 말 같다고 하죠. 바로 이 지역, 전라북도 북부의 말은 그렇습니다. 그 위의 말은 중부 방언에 속하니 서울말 혹은 표준말과 같다고 우길 수 있으나 이 지역은 차마 그러지 못합니다. 그렇다고 진한 사투리도 아니어서 얼치기 전라도 말이라 취급되기도 합니다. 그러나 이 땅의 모든 말이 그렇듯 이 지역의 말은 그 자체만으로도 소중하고도 아름다운 풍경을 보여줍니다.

징게맹갱 너른 들의 말

> 충청과 전라가 닿은 전북 북부,
> 중부 방언과도 다르고 전남의 진한 사투리도 아냐

징게맹경 어딘가 최 생원네 손자란 놈/ 제아무리 잘났어도/ 똥구멍 새까만 놈일 거라 생각했지요.——심호택, 「똥구멍 새까만 놈」

학생들과의 답사 여정이 김제 만경의 넓은 들판에 이르렀을 때 심호택의 시가 생각이 나 상품을 걸고 퀴즈를 냅니다. '김제 만경'이 '징게맹갱'까지 가기 위해서는 오십 리 길을 가야 하는 정도이니 이 과정을 설명하라는 것이죠. 문학과 어학을 공부하는 학과이니 관심이 있는 학생들이 웅성대며 저마다의 방법으로 문제를 풉니다. 출제 의도는 '김제 만경'이 '징게맹갱'이 되기까지의 음운변화를 설명하라는 것이었는데 이 문제를 시적으로 해석해 또 다른 시를 짓는 학생부터 내비게이션을 켜고 그 경로를 추적하는 학생들까지 각양각색입니다.

'과도교정, 구개음화, 움라우트, 위치동화, 축약'이라는 다섯 가지 규칙을 순서대로 잘 적용해야 답을 맞힐 수 있는데 고맙게도 세 학생이나 정답을 말합니다. 핵심은 '점심을 먹으려면 지름길로 질러 가'라고 말하면 될 것을 '겸심을 먹으려면 기름길로 길러 가'라고 말하는 '과도교정'입니다. '길'을 '질'로 말하는 이들은 자신의 사투리가 들킬까 봐 본래 맞는 것도 과하게 고쳐 말하다 보니 나타나는 현상이죠. 표준말을 써야 한다고 생각하는 이, 자신의 말은 서울말과 다르지 않다고 강변하는 이들이 흔히 보이는 모습이기도 합니다.

그러나 김제를 비롯해 전주, 익산, 군산, 부안, 정읍 지역의 말은 서울말보다 더 표준어다운 면이 있습니다. 표준어는 서울말을 바탕으로 했다지만 어차피 가상의 언어죠. 표준어 규정에 따르면 모음이 10개인데 요즘 서울 사람은 '에'와 '애'를 구별하지 못하고 '위'와 '외'도 엉터리로 발음합니다. 반면에 이 지역 사람들은 '게'와 '개'를 헷갈리는 일이 없고 '외'와 '위'의 발음이 정확해 '괴도, 괘도, 궤도'를 명확하게 구별해 발음합니다. 이 지역 사람들이 '귀, 쇠' 등을 발음할 때 동그란 상태로 유지되는 입 모양을 보면 됩니다.

그런데 묘하게도 이 지역 사람들의 '의'와 '예' 발음이 이상합니다. 누군가 "이것은 우리으 에쁜 애기 것이오"라고 말한다면 틀림없이 이 지역 출신입니다. 보통 '이건'이라고 하는 것을 굳이 '이것은'이라고 말하는 것은 전라도 지역 전체에 나타나지만 '의'를 '으'로 '예'를 '에'로 발음하는 것은 전라북도 북부 지역에서만 나타납니다. 경상도 지역과 달라서 정확히 발음하려면 얼마든지 할 수 있는데 왜 그런지 알 수 없습니다. 그러나 이것이 이 땅의 말이죠. 징게맹게 너른 들과 그 주변에 사는 사람들이 이렇게 말한다면 이것이 이들의 표준어일 뿐입니다.

곰소의 송화 소금, 소금과 말의 참맛

> 땅의 경계를 넘으며 뒤섞이는 말은
> 곰소의 송화 소금 같은 묘한 맛

윤사월의, 아니 오월의 들판에 잇닿은 나지막한 산을 지나다 보면 박목월이 묘사한 '송홧가루 날리는 외딴 봉우리'를 볼 수 있습니다. 소나무가 울창한 숲에 바람이라도 불라치면 유황 연기처럼 날리는 송홧가루가 보입니다. 봄비가 그친 후 길가에 고인 물이 말라갈 때 노랗게 남는 앙금이 바로 송홧가루입니다. 암꽃과 수꽃이 한 몸에 있되 그 거리는 천 리 길과 같으니 바람의 도움을 받아 짝을 짓고 솔방울에 씨를 채우기 위한 과정이죠.

일 년에 딱 한 번 열흘 동안 이 송홧가루는 은혜를 베풉니다. 부안의 곰소 염전에서 이 시기에 생산되는 송화 소금이 그 은혜의 결과입니다. 소금은 눈처럼 희어야 한다고 믿는다면 송화 소금은 불순물이 들어간 불량 소금이죠. 그러나 노오란 송홧가루를 본 이, 이 가루를 꿀로 빚어 틀에 찍어낸 송화다식의 알싸한 맛을 본 이는 그리 말하지 않습니다. 송홧가루가 들어간 이 소금은 영양도 특별해서 최고급 천일염 대우를 받습니다. 송홧가루는 이물질 혹은 불순물이 아니라 새로운 가치를 창조합니다.

소금은 짜야 한다고 믿으나 소금의 맛과 가치는 다른 것이 결정합니다. 가장 기본적인 맛이 짠맛이고 이 짠맛을 내는 성분은 우리 몸에 필수적이니 소금은 짜야 합니다. 그러나 소금의 짠맛은 기본, 소금의 가치는 짠맛이 아닌 쓴맛과 단맛 때문에 높아집니다. 오로지 짠맛만 원한다면 정제염을 먹을 수도 있겠지만 사람들은 바닷물을 햇빛과 바람에 졸이는 과정에 끼어드는 각종 유기물과 미네랄이 함유된 천일염을 찾습니다. 또한 무기질이 포함돼 분홍빛을 띠는 히말라야 소금이 최고의 대접을 받습니다.

소금과 마찬가지로 말은 순수해야 한다고 믿으나 그런 순수한 말은 있을 수도 없고 반드시 그것의 가치가 높은 것도 아니죠. 순수한 우리말만을 골라내고 나면 몇 안 되는 고유어만 남을 것입니다. 한자어에 의한 고유어의 소멸, 일본어의 잔재, 영어계 외래어의 난입 등에 치인 우리들의 고유어에 대한 사랑은 각별합니다. 그러나 고유어로만 이루어진 언어는 세상 어디에도 없습니다. 필요한 것은 수입하고 넘치는 것은 수출하듯이 말도 그렇게 경계를 넘나듭니다.

이런 점에서 이 땅의 모든 말은 스스로가 송화 소금으로서의 가치를 드러냅니다. 서울말이 절대적인 가치가 있는 것은 아니니 남쪽으로 내려올수록 그 지역의 말에는 인접한 충청도 말이 송홧가루처럼 내려앉습니다. 충청도의 남쪽으로 더 내려가면 이 말과 금강 너머의 전라도 말이 서로에게 스며듭니다. 방방곡곡의 땅에는 그 땅에 기대어 대대로 살아온 사람들이 있고 그 사람들이 키우며 깁고 보태온 말이 쓰이고 있습니다. 그래서 징게맹겡의 너른 들에서 일하는 농사꾼의 말이나 사대문 안의 서울깍쟁이의 말이 모두 가치가 있습니다.

'가맥'의 비밀

> '가맥'이 된 '가게 맥주' 변천은
> 외래어와 외래문화가 귀화한 사례

"가맥은 한자로 어떻게 써야 할까요?" 전주 답사 일정 중의 자유시간, 학생 몇 명과 전주에만 있는 '가맥'에 자리를 잡고 학생들에게 질문을 던집니다. '보리 맥(麥)'에는 이견이 없는데 '집 가(家)'와 '길 가(街)' 사이에서 의견이 둘로 갈리네요. 솔로몬의 판결이 필요한 시점인데 천하의 솔로몬일지라도 답을 할 수가 없습니다. 일단 둘 다 틀렸으니 다른 한자를 찾아야 하는데 의외로 정답은 '거짓 가(假)'입니다. 물론 이리하면 '가짜 맥줏집'이 되니 이때는 '거짓'보다는 '임시'라는 뜻으로 풀어야 합니다.

가맥을 '길거리 맥줏집'인 '街麥'이라 생각하는 이들이 있겠지만 '가게 맥주'를 줄인 말입니다. 가게에서 맥주를 산 이가 그 자리에서 마시길 원해 자리를 내어주니 안주까지 찾습니다. 오징어와 북어를 구워주니 손님이 몰려 가게 한 귀퉁이에 아예 자리를 마련하다 보니 가게에서 맥주를 마실 수 있는 집이 된 것이죠. 그런데 이런 유래를 알고 나면 한자를 쓰기가 난감해집니다. '가게'에 어울릴 만한 한자를 찾을 수 없기 때문입니다.

거슬러 올라가면 가게는 '假家'였습니다. 물건을 쌓아 놓기 위해 시렁이나 선반을 임시로 설치하고 천막을 씌운 것이 '임시로 지은 집'인 '假家'인 것이죠. 이렇게 물건을 쌓아 놓고 파는 상점이 늘어나다 보니 그 상점을 '가가'라고 부르게 되었습니다. 그런데 '가짜 집' 혹은 '임시 집'이란 말과 그것이 가리키는 대상이 뭔가 딱 맞아떨어지지 않으니 사람들은 한자와의 관련성을 잊었고 말소리도 변했습니다. 그리하여 오늘날에는 '가게'로만 남았고 '假家'와의 관련성은 잊게 되었죠.

그렇다면 이 말은 한자어인가요? 본래 한자와 그 음대로 '가가'라고 쓰인다면 한자어라고 할 수 있겠지만, 아닙니다. 그렇다고 고유어는 더더욱 아니니 이런 말들을 귀화어라고 합니다. 본래 태어난 나라가 있지만 여러 이유로 다른 나라 사람이 되기로 하는 것을 귀화라고 하듯이 기원은 한자어이지만 뜻과 소리가 달라져 아예 우리말로 눌러앉은 말입니다. 맥주 한 병을 사 들고 진짜 집에 가서 마시면 될 것을 가짜 집에 눌러앉아 마시는 전주 특유의 가맥이란, 술집도 가게도 아닌 것을 만들어 낸 것과 비슷합니다.

모주의 냄새 혹은 향기

> 어머니의 마음을 담아 한바탕 끓여낸 '모주'
> 느껴지는 마음과 들리는 음성은 징하고 짠하다

답사의 마지막 날은 귀가의 첫날이라 말하지만 학생들은 그렇지 않아 최후의 만찬인 듯 즐깁니다. 그런 다음 날의 숙취와 허기를 달래기 위한 전주의 특별식이 있으니 콩나물국밥과 모주가 그것이죠. 콩나물국밥이야 어디서든 접할 수 있지만 학생들은 모주의 빛깔과 냄새를 낯설어하네요. 흑설탕에서 우러난 짙은 갈색은 그렇다 쳐도 계피와 각종 한약재가 섞인 한약 냄새를 싫어합니다. 모주의 참맛을 알기에는 너무 어린 학생에게 묻습니다. 모주에서 나는 것은 '냄새'인지, '향기'인지.

   술을 거르고 난 술지게미를 써서 만들었고 없던 맛을 더하기 위해 각종 한약재와 한 급 낮은 흑설탕을 넣었으니 향기라 말하긴 어렵습니다. 그러나 몸에 나쁜 술이기에 약초라도 넣어 아들의 몸을 보하기 위해 만들었다는 유래가 맞는다면 냄새가 아닌 향기라 해야 할 것입니다. 혹은 맛과 예술에 대한 전주 사람의 자부심이 엿보인다면 그 역시 향기라 해야 할 것입니다. 1번 국도를 따라 혹은 호남선을 타고 남쪽으로 가다 보면 화려한 말의 무지개가 보입니다. 그 경계가 불분명하지만 오늘도 모두가 고유의 빛과 멋을 내뿜습니다. 징게맹겡의 말과 완산벌의 말도 그렇죠. 징하고 짠해 거시기한 이 말에서 짙은 향기가 납니다.

곰소의 염전. 5월에는 송홧가루가 내려앉아 노란 송화 소금이 만들어집니다. 모든 지역의 말은 본래의 짠맛에 다른 맛이 더해져 달콤해집니다.

과거의 서울역과 오늘날의 서울역,
외양은 바뀌었어도 사람, 문화, 말이 오고 가는 중심지입니다.

[03]

서울역의 말

사람도, 문화도, 말도 어서 타세요,
'세계행' 열차 출발합니다

이별과 만남의 공간이던 기차역,

오늘날은 설렘을 가득 안고 떠나는 출발점이자 도착점

"차표 한 장 손에 들고 떠나야 하네. 예정된 시간표대로 떠나야 하네. 너는 상행선, 나는 하행선, 열차에 몸을 실었다."
1992년에 발표된 송대관의 「차표 한 장」, 30년 넘게 세월이 흘렀으니 이 노랫말은 이제 옛말이 되었습니다. 2024년 서울역 풍경 속에 차표 한 장을 손에 들고 떠나는 이는 극히 드물어졌습니다. 창구에서 표를 끊고, 개찰구에서 역무원의 검표를 받고, 열차에 올라 수시로 승무원의 검사를 받고, 도착해서도 차표를 보여줘야 했던 풍경은 이제는 잊힌 지 오래이죠. '상경'과 '귀성'이란 말이 흔히 쓰이던 시절에는 '상행'과 '하행' 역시 흔히 보이던 글자였는데 지금은 어디에도 없습니다.

길은 오고 가라고 있는 것, 그 길 중에 철도는 반드시 그 길로만 다니라고 두 줄의 선로가 깔려 있고 그 위를 크고 긴 열차가 달립니다. 아무 데서나 내리고 탈 수 없으니 주요 지점마다 역이 설치되는데 수도 서울에 있는 서울역은 여러모로 상징적입니다. 가장 많은 노선이 있고 가장 많은 지역으로 가니 가장 많은 사람이 오고 갑니다. 사람이나 화물 등 눈에 보이는 것뿐만 아니라 말과 문화를 비롯해 눈에 보이지 않는 것들도 열차를 타고 오고 갑니다.

'한양'에서 '서우얼'까지, 서울의 다양한 호칭

> 상행·하행 구분이 지역 차별 불러,
> 부산 가는 열차는 그저 부산행일 뿐

서울은 아주 오래전부터 서울이었습니다. 이 땅이 조선의 도읍으로 정해지고 '한양(漢陽)'이란 한자 지명이 붙여지기도 했지만 민간에서는 자연스럽게 서울이라 불렀죠. '서울'의 어원을 신라의 수도 경주의 옛 이름인 '서라벌'에서 찾기도 하고 서울이 한 나라의 수도를 가리키는 말로 쓰이기도 하니 '대한민국의 서울은 서울'이란 말장난도 가능합니다. 어찌 되었든 오늘날의 서울은 대한민국의 정치, 경제, 문화의 중심지이자 가장 많은 열차가 목적지로 삼는 곳이기도 합니다.

서울은 가장 높은 곳에 있나요? 서울로 향하는 열차는 '상행(上行)'이고 서울에서 다른 모든 지역으로 떠나는 기차는 '하행(下行)'이니 이런 엉뚱한 질문이 가능합니다. '북상(北上)'과 '남하(南下)'라는 말도 흔히 쓰이니 같은 맥락에서 '북쪽은 남쪽보다 위에 있는가?'라는 질문도 가능합니다. 임금이 계신 곳, 흔히 지도상에서 북쪽이 위쪽에 놓이다 보니 관습적으로 쓰이게 된 말들이죠.

그러나 적어도 2024년의 서울역에서는 상행과 하행이란 단어가 보이지 않아 마음이 놓입니다. 위는 좋은 것, 아래는 나쁜 것이란 이분법에 따르면 서울이 아닌 모든 지역, 그리고 상대적으로 남쪽에 있는 지역은 소외되고 차별을 받을 수밖에 없습니다. 남쪽의 부산과 여수로 가는 열차는 그저 '부산행'과 '여수행'일 뿐이고 북쪽의 행신으로 가는 열차 또한 '행신행'일 뿐입니다. 이래야 비 내리는 호남선의 남행열차와 고래 잡으러 동해로 떠나는 기차 여행을 오롯이 즐길 수 있습니다.

열차는 국적을 불문하고 이용할 수 있으니 외국인들을 위한 서울의 표기가 흥미롭습니다. 한·중·일 삼국이 한자를 공유하고 있어 '漢陽(한양)' '京城(경성)' '漢城(한성)'으로 쓰고 중국과 일본식 발음으로 읽을 수도 있습니다. 일제강점기에는 서울이 '경성'이었고 중국에서는 한때 서울을 '漢城'의 중국식 발음인 '한청'으로 부르기도 했지만 오늘날에는 아닙니다. 중국 사람은 '서우얼(首尔)'로, 일본 사람은 '소우루(ソウル)'로 부릅니다.

로마자로는 'Seoul'로 통일되어 있는데 이 표기의 역사가 재미있습니다. 우리는 이 표기가 'Seo-ul'로 분절된다고 여겨 로마자 표기법에서도 '어'를 'eo'로 적는데 이건 우리의 오해입니다. 이 표기를 고안한 것은 프랑스 사람이고 프랑스 사람들이 '울'을 '월'이 아닌 '울'로 발음하도록 'Se-oul'로 적은 것이죠. 이리 적어도 프랑스 사람들에게는 '세울'이 되고 영어를 쓰는 사람들에게는 '소울'이 됩니다. 서우얼과 소우루, 그리고 세울과 소울이 정확히 '서울'로 발음되는 길은 단 하나입니다. 서울에서 출발하는 열차가 전 세계를 누비는 그날이죠. 많은 사람들이 대한민국과 대한민국의 문화를 동경해 서울로 몰려들 때 비로소 그들 스스로 서울의 바른 발음을 찾을 테니 말입니다.

열차의 속도는 표준어의 전파 속도

> 비둘기호 등 느린 열차 사라지며
> 서울말의 지역 전파도 빨라져

서울역에서 열차가 무더기로 사라졌습니다. 비둘기처럼 다정하게 작은 간이역마저도 빼놓지 않고 달리던 비둘기호, 통일을 향한 염원을 담았다지만 반도의 남쪽만을 달렸던 통일호 열차가 어디에서도 보이지 않습니다. 그도 그럴 것이 비둘기호는 2000년에, 통일호는 2004년에 운행이 종료되었죠. KTX를 비롯한 여러 종류의 고속열차가 달리는 세상이 되었으니 느린 열차들이 사라지는 것은 당연하지만 이 열차들은 향수와 함께 많은 생각을 불러일으킵니다.

비둘기호 열차는 사람뿐만 아니라 각지의 말이 오르내리기를 반복하는 열차였죠. 서울을 떠나 수원쯤 지날 때면 깍쟁이들의 말투가 들리다가 천안 어름에 다다르면 열차만큼이나 말이 느려 터집니다. 대전을 지나 추풍령을 넘으면 오르내림이 심한 말이 들리기 시작하다 더 남쪽으로 가면 '어데 가노?'와 '서울 가나?'와 같이 의문의 말끝 '나'와 '노'가 구별되지만 '살'과 '쌀'의 발음이 구별되지 않는 말이 오고 갑니다. 그리고 대전에서 서쪽으로 꺾어 금강을 건너면 '진한 말, 징한 말, 짠한 말'이 가슴을 파고듭니다.

그러나 두 시간 반 안에 부산에, 세 시간 반 안에 여수에 도착하는 고속열차는 중간의 작은 도시들을 죄다 무시하고 무시무시한 속도로 종착지를 향해 달립니다. 사람과 화물은 빨리 가서 좋다지만 이 속도만큼이나 서울말, 혹은 표준말이 달리니 이 땅의 모든 말에 빠르게 변화가 나타납니다. 여기에 고속열차보다 훨씬 더 빠른 전파까지 더해져 서울말이 사방에 퍼져 나가 각 지역의 고유한 말을 밀어냅니다.

각 지역 고유의 말에 관심이 많은 이들은 방언 소멸을 염려합니다. 방언 소멸보다 훨씬 더 심각한 지방 소멸을 걱정해야 하는 시기이니 이와 맞물린 문제이기도 하죠. 문제는 기울어진 운동장이 아닌 기울어진 기차역의 문제입니다. 기차는 여행객들을 위한 것이고 여행은 떠났다 돌아오는 것입니다. 그런데 '상행선'을 탄 이들은 돌아오지 않고 '하행선'을 탄 말들은 각 지역에 눌러앉습니다. 어쩌다 '귀촌'이나 '귀어'를 한 이들은 서울말까지 싸 들고 내려와 퍼뜨립니다.

그러나 고속철도의 시대에는 방언은 물론 이 땅의 모든 말도 달라지기 마련이죠. 방언은 서울말과 다른 말이 아니라 각 지역에서 쓰고 있는 말이에요. 기차와 전파를 타고 온 말, 그리고 돌아온 이들의 말이 섞여도 그 지역의 말은 곧 방언입니다. 외려 서울말이나 표준말과 달라야 한다고 믿는 것이 편견이죠. 말은 박물관이나 민속촌에 가둘 수 있는 것이 아니고 우리의 삶 속에서 살아 있어야 합니다. 그러니 고속철도의 시대에도 방언은 여전히 살아 있고 앞으로도 그럴 것입니다.

고객을 위한 배려?

> 언어 약자에 대한 배려가 부족한 역사 표지판
> 언어와 기차는 모두의 것이 되어야

서울역은 친절합니다. 문명의 이기를 잘 따라가고, 어려운 우리말도 알고, 외국어도 좀 읽을 줄 아는 '고객'에게는 표를 사고, 열차를 타고 내리고, 필요한 물건을 사는 데 아무런 어려움이 없습니다. 플랫폼의 따뜻한 '고객 대기실'은 찾아가 편안하게 열차를 기다릴 줄 아는 '고객'에게는 괜찮지만 '교통 약자'이자 '언어 약자'인 '승객'에게는 불친절할 수밖에 없습니다.

기차를 타려는 이들은 승객이지 물건을 사려는 고객이 아닙니다. 잠깐의 착오로 승객 대신 고객이라 썼다고 보기에는 서울역 전체가 상업성과 너무 밀착돼 있습니다. 'Connect Place' 'Station Zone'이 'Renewal Open'을 했다고 안내판에 쓰여 있는데 고객이 아닌 승객은 어찌해야 할까요? 'Namanecard와 함께 Namane Station 가자'라고 쓰인 커다란 안내 부스가 있는데 '나만의'가 아닌 '우리의' 승객은 어찌해야 할 것인가요? 역사 곳곳에 교통 약자를 위한 배려는 보이는데 언어 약자를 위한 배려는 부족해 보입니다.

이런 안내판을 붙인 이들은 어차피 이 내용을 이해하지 못하는 사람들은 고객이 아니라고 생각할 수도 있습니다. 그러나 '나만의 카드'는 '우리 모두의 카드'가 되어야 승객 모두가 편안할 수 있습니다. 게다가 'Let's Korail 여행센터'는 틀림없이 승객들을 위한 공간 아닌가요? 이와 반대의 불편함을 한국어를 모르는 이들은 더 크게 느낄 것입니다. 이들 또한 대한민국의 고객이자 서울역을 찾는 승객이니 균형 잡힌 배려가 더 필요해 보입니다.

"오호차특씰팔에이삐", 플랫폼까지 배웅 나온 딸이 부산행 열차를 타기 직전까지 팔순이 넘으신 듯한 부부에게 암호처럼 자리 번호를 알려줍니다. '5호차' '특실' '8'까지는 다 읽으실 줄 아는데 'A' 'B'가 문제인 듯하네요. 이분들을 위해 'ㄱ' 'ㄴ' 또는 '가' '나'로 바꾸어야 할까요? 아닙니다. 그리하면 외국에서 오는 고객들이 낭패를 봅니다. 비둘기호가 아닌 KTX

가 다니는 시대이니 이분들도 KTX와 같은 알파벳을 읽고 간단한 회화 정도를 할 수 있도록 돕는 것이 옳을까요? 이제 기차가 서지 않는 간이역 마을에 필요한 것은 한글학교가 아닌 영어학교일까요?

유라시아 열차의 출발역을 꿈꾸며

> 휴전선으로 막혀버린 북행 열차,
> 통일로 유라시아를 횡단하는 '런던행'이 가능해지길

'들어가는 곳'과 '나오는 곳', 서울역을 비롯한 모든 역은 이론적으로는 들고 나는 이의 숫자가 같아야 하니 출입구마다 이 문구가 보입니다. 그런데 드나드는 사람의 숫자에서 제외되는 이가 있으니 "역 시설에서 노숙 행위를 금지합니다!"란 문구 아래에 자리를 잡은 노숙인들입니다. 어디든 갈 수 있는 곳이지만 어디에도 갈 곳이 없어 머무는 안타까운 이들이죠. 이들에 대한 대책은 복지 행정에 잠시 미루고 '노숙(露宿)'이 아닌 '정좌(井坐)', 즉 우물 안 개구리로 앉아 있는 우리의 처지를 생각해 봅니다.

일제강점기에는 이론적으로 부산에서 런던까지 가는 기차표를 끊을 수 있었죠. 북녘의 지도자는 중국 대륙을 기차로 종단해 베트남까지 가기도 했습니다. 휴전선이 가로막지 않는다면 북행 열차를 타고 신의주에서 압록강을 건널 수 있습니다. 이곳에서 다시 북행을 택해 만주 벌판을 지나 싱안링산맥을 넘으면 시베리아 철도와 연결될 수 있고 남행하면 유라시아 대륙 어디든 갈 수 있습니다. 하늘길과 뱃길뿐만 아니라 서울역의 기찻길을 통해 들고 날 수 있는 날이 꼭 와야 하는 이유이죠.

운행 중인 비둘기호(위쪽)와 구형 새마을호 열차(아래), 느린 기차가 사라지면서 표준어로 통일되는 속도도 더 빨라졌습니다.

백령도의 콩돌해변(위), 해무가 자욱하게 낀 모래 해안에서 바라본 용기포항(아래). 백령도의 말은 본래 쓰이던 황해도 말과 용기포항으로 드나드는 남쪽의 말이 섞이면서 한치 앞을 볼 수 없는 안개에 휩싸여 있습니다. 그러나 백령도에서의 언어 융합은 통일 이후 한국어의 선례가 될 수 있습니다.

[04]

백령도의 말

통일을 기다리며,
최북단 섬에선 '한국어 융합 실험' 진행 중

> 휴전선 너머 황해도 옆의 우리 땅
> 인천에서 쾌속선으로 네 시간

한국어는 이 땅의 모든 말을 아우르는 말이죠. 그렇다면 '이 땅'은 어디부터 어디까지인가요? 나이가 좀 든 이들은 '백두에서 한라까지'라고 말합니다. 이들에게 '팔도강산'은 한반도 전체를 가리키는 말이죠. 그런데 새천년의 멋진 젊은이들인 방탄소년단은 2013년의 그들 노래 「팔도강산」에서 "마라도에서 문산"까지라고 노래합니다. 분단 50년의 세월이 흐르면서 '이 땅'은 휴전선에 의해 반토막이 나고 말았습니다. 그렇다면 한국어도 반토막이 난 것인가요? 휴전선 북쪽의 땅에서 쓰이는 말은 한국어가 아닌가요? 남과 북의 언어 이질화에 대해 수없이 많이 떠들지만 정작 정상회담은 통역 없이 이루어졌는데 남과 북은 서로 다른 말을 쓰고 있나요?

　문산보다 더 북쪽, 황해도 땅이 눈으로도 빤히 보이는 곳에 섬이 있습니다. 인천에서 쾌속선을 타고도 네 시간이 걸려야 도착할 수 있는 곳에 있는 섬이지만 인천광역시 옹진군에 속한 섬입니다. "빨리 와서 내 말 들어"가 아닌 "톰발리 오나서 내 말 듣어"라고 말하는 이들, '장모님'이 담가주신 '김치'와 '짠지'가 아닌 '가시옴마이'가 담가주신 '짠지'와 '짠짠지'를 먹는 이들이 사는 섬이죠. 의심할 바 없는 황해도 땅이지만 한국전쟁 이후 남쪽의 차지가 되어 황해도와의 인연이 끊어진 후 남녘 각지의 사람들이 몰려 있는 섬입니다. 이 섬에서는 언제일지 모르지만 반드시 해야 할 통일, 그리고 이후 구현해야 할 한국어 융합에 대한 새로운 실험이 이뤄지고 있습니다.

톰발리 오나서 내 말 듣어

> 본래 황해도의 일부
> 지금은 서해5도로 묶여 인천에

황해도 말은 우리들의 기억 속에 각인된 것이 별로 없습니다. 황해도는 휴전선 북부에 있지만 방언 분류를 할 때는 서울말과 같은 부류인 중부 방언으로 분류됩니다. 서울이나 경기도의 말은 표준말과 비슷해서 방언 취급을 못 받지만 그래도 표준어의 모태가 되었으니 관심의 대상이 되기는 하죠. 반면 더 북쪽의 평안도나 함경도 말이 워낙 강력한 힘을 발휘하다 보니 황해도 말은 별로 주목을 받지 못합니다. 따라서 분단 이전의 문학작품, 분단 이후 북한 지역을 다룬 영화나 드라마에서도 황해도 말을 하는 화자가 설정된 사례는 극히 드뭅니다. 방언 연구자들 또한 황해도 말에는 별 관심을 기울이지 않아 황해도 말 연구는 손에 꼽을 정도밖에 되지 않습니다.

그러나 분단 이후에도 황해도 말을 분명히 들을 수 있는 곳이 있습니다. 보통 서해5도로 묶이는 섬 중 백령도, 대청도, 소청도, 연평도가 그곳이죠. 그리고 강화도에 딸린 섬이라고 여겨지는 교동도 또한 황해도 말의 특징이 강하게 나타나며 심지어 강화도 말을 언급할 때마다 소환되는 '햇시꺄?'는 황해도 말의 영향을 받은 것이죠. 따라서 이 섬의 노년층, 특히 토박이들끼리 대화를 주고받는 자리에 가면 황해도 말을 또렷하게 들을 수 있습니다.

"너 왜 왔어? 머 할 말 잇어? 내가 들어 보고 해결해 주갓어." 잘못 쓴 것이 아닙니다. 백령도를 비롯한 황해도 말에는 받침에 'ㅆ'이 없습니다. 그러니 과거와 미래를 나타낼 때는 각각 '앗/엇'과 '갓'을 쓰고 심지어 '있다'도 '잇다'입니다. '오다'는 '와/와서/와라'가 아닌 '오나/오나서/오나라'와 같이 쓰이죠. '듣다'는 다른 지역에서는 '들어/들으니'이지만 이 지역에서는 '들어/들으니'입니다. 이러한 독특한 말은 평안도 방언의 특징인데 이것이 황해도 해안을 거쳐 교동도에까지 나타납니다.

백령도 말을 비롯한 황해도 말에서 '빨리'는 '톰발리'나 '통발리'로 나타납니다. 어휘 전체를 살펴보면 차이가 그리 크지 않지만 친족 명칭에서는 차이가 커서 '가시아바이'와 '가시옴마이'에서 확연하게 느낄 수 있습니다. '가시'는 아내를 말하고 이것이 부모를 가리키는 '아바이' '옴마이'와 결합합니다. '아내의'라고 구별하기는 하지만 아내의 부모도 아버지와 어머니라 부르는 것이 정겹습니다. '김치'를 '짠지'라고 하니 김칫소를 넣은 메밀전병은 '짠지떡'이죠. 김치에 이름을 빼앗긴 진짜 짠지는 '짠짠지'라 하니 이 지역의 말이 귀엽게 느껴지기도 합니다. 이러한 특징에도 불구하고 황해도 말이 독특하다거나 알아듣기 어려운 말이라고 느껴지지는 않습니다.

섬, 고립과 도약의 공간

> 북녘의 외딴섬 백령도
> 고립 공간서 남북의 말이 섞이는 언어 통합의 장

언어를 논할 때 '섬'은 특별한 의미를 갖습니다. '언어 섬'이 그것인데 특정 언어가 성격이 다른 언어에 둘러싸여 있는 곳을 가리킵니다. 이탈리아어와 비슷한 말을 쓰는 루마니아의 바다에 계통이 전혀 다른 헝가리어가 섬처럼 고립된 채 쓰이고 있는 것이 그것이죠. 우리 땅에서 굳이 사례를 찾자면 온통 경상도 말이 쓰이는 울산이나 포항 지역에 대규모 공업단지가 조성돼 외지인들이 대거 유입된 결과 이들이 밀집해 사는 거주지에서는 경상도 말과는 다른 말이 쓰이는 사례를 들 수 있습니다. 그러나 대부분의 섬은 인접한 육지와 유사한 말을 쓰기 때문에 섬의 언어가 언어의 섬을 이루는 사례는 드뭅니다. 백령도의 말 또한 인접한 육지의 황해도 말이죠.

그런데 바다로 고립된 섬은 종종 언어 도약의 징검다리 역할을 하기도 하죠. 섬과 육지, 섬과 섬 사이의 바다는 걸어서는 갈 수 없는 큰 장애물이지만 배를 이용할 때는 문제가 되지 않습니다. 유라시아 대륙과 아메리카 대륙 사이에는 베링해라는 큰 바다가 있지만 그 사이에 있는 알류샨열도를 징검다리 삼아 인류가 이동한 것과 마찬가지로 언어도 섬을 징검다리 삼아 도약하기도 합니다. 따라서 평안도 말의 특징이 서해안의 백령도, 연평도, 교동도를 거치며 남쪽으로 전해집니다. 그 결과 뱃길을 타고 평안도 말의 특징인 '하갓어'가 인천까지 도약해 '하갔어'로 나타나기도 합니다. 한국전쟁 당시 황해도에서 배를 타고 대거 남하한 이들이 충청도가 빤히 보이는 덕적도에 자리 잡은 후 덕적도에 황해도 말의 흔적을 남기기도 합니다.

더 극적인 것은 평안도 말의 특징이 황해도의 섬을 거쳐 멀리 충남의 태안반도나 이와 가까운 경기도의 섬에서도 발견되는 것이죠. 백령도 말에서 들리는 '톰발리 오나'는 바닷길을 타고 한참 내려가 태안에서는 '빨리 오너'로 나타납니다. '오나'는 육지로는 황해도에서, 바다로는 황해도와 인접한 교동도까지만 나타나는데 경기도를 건너뛰어 멀리 충청도에서도 들리는 것입니다. 평안도와 함경도 지역에서 '허수아비'의 뜻으로 쓰이는 '쩡애'가 경기도에 속해 있지만 충청도가 바라다보이는 덕적도에서 발견되는 것도 같은 이유입니다. 인접한 육지에서는 전혀 나타나지 않는 이런 말들은 뱃길을 타고 섬을 거쳐 도약해 나간 말들이죠.

J & B, 제주에서 백령까지의 언어 융합

> 물질 왔다 정착한 제주 해녀처럼
> 수많은 곳의 다양한 말이 모여

오늘날의 백령도는 언어 면에서는 고립된 공간입니다. 본래 황해도 말이었으나 한국전쟁 이후 황해도와의 교류가 완전히 끊겼기 때문이죠. 현재의 백령도는 오로지 인천을 통해서만 육지와 연결될 수 있습니다. 그 결과 백령도 말은 인천에서 배를 타고 온 다른 지역의 말, 그리고 전파를 타고 들어온 표준어에 둘러싸인 형국입니다. 이는 결국 본래 백령도의 말이었던 황해도 말이 고립되는 것을 의미하고 세대를 거듭할수록 황해도 말의 흔적이 사라져 가는 것을 의미하죠. 백령도 토박이일지라도 황해도 말을 잘 모르거나 의도적으로 쓰지 않는 상황은 이를 잘 말해 줍니다.

그런데 백령도 지역에서는 분단 이후 대규모의 언어 융합이 이루어지고 있다는 점이 흥미롭습니다. 현재 백령도 주민의 반은 본래 거주하던 이들이고 나머지 반은 외지인들입니다. 백령도가 군사 요충지이니 수많은 군인과 그 가족이 거주하고 있습니다. 다른 지역 사람들이 들어와 다양한 일을 하며 삶의 터전을 이곳으로 잡은 이들도 있죠. 이들은 자신들이 본래 쓰던 말을 백령도에 그대로 옮겨 놓습니다. 학교에서는 표준어를 가르치고 방송에서도 표준어가 주로 나옵니다. 그 결과 이 지역에서 본래 쓰이던 황해도 말과 다른 지역의 말이 서로 섞이며 백령도 말의 새로운 정체성을 이루어 가고 있습니다.

섬사람들의 눈은 대부분 뭍을 향해 있습니다. 할 수만 있다면 섬을 떠나 육지에 자리를 잡고 섬은 마음의 고향으로만 남겨두고 싶어 합니다. 백령도 사람들도 마찬가지여서 젊은이들은 백령도를 떠나고 싶어 하고 자신들의 말에서도 황해도 말의 흔적을 지우고자 합니다. 이렇게 섬의 본래 주인이 떠난 자리에 외지인들이 들어오고 이 지역에서 지워진 황해도 말의 자리에 다른 지역의 말과 표준어가 들어옵니다. 그러나 여전히 이 섬을 사랑하며 황해도 말의 정체성을 지켜 가는 이들도 있습니다. 한국전쟁 이후 백령도는 고립된 공간에서 본래의 말과 다양한 말이 융합되고 있습니다.

백령도에서 이루어지고 있는 언어의 융합은 통일 이후의 언어를 예견할 수 있는 중요한 실험이기도 하죠. '이 땅'의 범위가 다시 '백두에서 한라'가 되면 이 땅의 말에 대한 고민이 새로 시작됩니다. 둘로 갈린 이 땅이 하나가 되는 것은 정치나 외교 면에서는 '통일'이라 하지만, 언어는 결코 '통일'이 될 수도 없고 인위적으로 그렇게 해서도 안 되죠. '언어의 통일'은 하나로 만드는 것, 그러나 이 과정이 어느 하나를 없애는 것이 된다면 언어에는 맞지 않는 방법입니다. 그래서 언어는 '통일'이 아닌 '통합'이 되어야 하죠. 언어 사이에 있던 외적 울타리가 사라져 자연스럽게 하나로 융합되어야 합니다.

이러한 실험이 이미 백령도에서 행해지고 있습니다. 언어는 살아 있는 생명체여서 통합과 융합을 거쳐 스스로의 힘으로 새로운 말의 시대를 열어갑니다. 사용자 수가 많은 말, 문화나 경제적으로 영향력이 있는 집단의 말이 먼저 힘을 발휘하죠. 이런 말이 크림, 버터, 초콜릿처럼 케이크의 겉을 감쌀지라도 그 안에는 여전히 바탕이 되는 빵과 여러 종류의 소가 케이크의 맛을 냅니다. 이렇듯 자연스러운 통합이 일어나고 그 속에서 융합되면 이 땅에서는 모든 말이 제각기 존재감을 드러내거나 유지하며 '이 땅의 모든 말'인 '한국어'를 새롭게 만들어 갈 수 있습니다.

J와 B가 이름에 들어간 백령도의 호텔에 묵었습니다. 이름의 내력을 살펴보니 제주 출신의 해녀가 백령도로 원정 물질을 하러 왔다가 백령도에 눌러앉은 후 그 가족들이 만든 호텔입니다. 그래서 그 이름도 제주(J)와 백령(B)이 융합된 것이죠. 제주도 사람이 백령도에 들어와 백령도 사람이 되고, 제주도의 낯선 말이 백령도에서 소통되고 있습니다. 이들과 마찬가지로 수없이 많은 지역의 사람들이 그 수만큼의 말을 가지고

백령도에 들어와 저마다의 말로 소통을 합니다. 이러한 융합은 언젠가 백두에서 한라까지 이 땅의 모든 곳에서도 이루어질 융합이어야 하죠.

제주 해녀가 백령도에 정착해 물질을 하며 살아가고 있습니다. 제주 해녀로서의 삶의 방식뿐만 아니라 제주의 말이 백령의 말과 섞이며 새로운 백령의 말을 만들어 나가고 있습니다. ⓒ 윤학진

북한의 알판(CD/DVD)과 막대기억기(USB), 북한에서 인기가 높은 알판은 이런 알판이 아니라 '아랫동네(남한)'의 알판입니다. 이 알판과 막대기억기가 북한의 한류 열풍을 주도하고 있을 뿐만 아니라 말의 변화까지 불러오고 있습니다.

[05]

북녘의 말

규범이 남북의 말을 갈라도, 통하다 보면 통일도 온다

> 북 김정은 위원장의 공개 발화,
> 전형적인 평안도 말에 남한 말씨의 흔적

주민, 어르신, 티브이, 병약자, 음료수, 폄훼…… 정치인의 대중 연설에서 자연스럽게 등장할 법한 단어들이죠. 그런데 어디에서 누가 이러한 단어들을 쓰느냐가 문제입니다. 자유아시아방송(RFA)은 북한 소식통의 말을 인용해 수해 현장을 찾은 김정은 국무위원장이 이러한 말들을 사용했다고 보도했습니다. 영상이나 음원이 없어 확인하기는 어렵지만 이것이 사실이라면 한편에서는 심각하게, 다른 한편에서는 기쁨으로 받아들일 만한 사건입니다. 이 말들을 북한에서 쓰이는 일상적인 말로 바꾸자면 차례로 '인민, 로인, 텔레비죤'이고 나머지 단어는 거의 쓰지 않는 말이죠. 결과적으로 김 위원장이 남한에서 쓰는 말을 따라 한 셈이니 남한말을 단속하는 북한에서는 심각하게 여길 사안입니다. 그러나 통일 후 한국어의 미래를 생각하면 환영할 만한 일이죠.

남과 북의 말은 다릅니다. 아니, 달라야 하죠. 지역이 다르니 본디 지역 방언의 차이가 있었고 분단된 지 80년이 되어 가는 동안 교류가 없었으니 달라질 수밖에 없습니다. 그래서 1970년대부터 '남북 언어 이질화'는 수없이 거론되는 단골 메뉴였죠. 그러나 거짓말을 하거나 과장하면 안 됩니다. 본래 다른 것, 그리고 달라질 수밖에 없는 상황을 인정하고 나면 나머지는 모두 같습니다. 남북의 주민이 만나서 일상적인 대화가 불가능한가요? 남북회담 당시 문재인 대통령과 김정은 위원장의 연설을 양쪽의 주민이 알아듣지 못했나요? '다름'이 아닌 '같음'에 초점을 맞추고 앞으로 더 같아질 것을 예측해 볼 수 있습니다. 이러한 예측은 북한 지도층의 말을 통해서도 가능하죠.

덩거당의 던깃불은 번떡이디 않는다

'력사'와 '역사' 오가는 발음도, 주민들의 적개심 빠진 표현도, 편견과 현실 사이 차이 보여줘

북한말, 더 정확하게는 평안도의 말을 흉내 낼 때 흔히 등장하는 것이 '정거장의 전깃불이 번쩍인다'이죠. 이를 평안도 사람

들은 '덩거당의 던깃불이 번떡인다'라고 발음한다는 것인데 이는 과장이 지나쳐 거짓에 가깝습니다. 평안도 사람들의 'ㅈ' 발음은 다른 지역의 그것과 조금 다릅니다. 다른 지역에서는 'ㅈ'을 발음할 때 혀끝이 입천장의 딱딱한 부분에 닿지만 평안도에서는 잇몸의 바로 뒤에 닿습니다. 그래서 다른 지역 사람들에게는 'ㄷ'과 비슷하게 들리기도 하지만 '주스'와 '쥬스'가 발음상으로도 명확하게 구별되기도 하죠. 이러한 발음은 함경도 일부 지역에서도 나타나는데 세종대왕 당시의 발음이 이랬으니 평안도 말이 과거의 'ㅈ' 발음을 보존하고 있는 셈입니다.

그런데 이상하죠. 김정은 위원장의 'ㅈ' 발음은 전형적인 평안도의 발음이 아닙니다. 가끔 평안도식 발음이 나타나기도 하지만 다른 지역의 발음, 결과적으로 남쪽의 'ㅈ' 발음과 같게 나타나는 경우가 더 많습니다. 부모가 모두 평양 출신이고 평양에서 태어나 성장했다면 있을 수 없는 일이죠. 그러나 김 위원장의 어머니는 제주도 출신의 재일교포이고, 김 위원장은 원산에서 태어났습니다. 특수한 신분이니 평양에서 성장했을지라도 일반인과 똑같이 평안도 말 환경에 노출되지는 않았을 것입니다. 게디기 2년간의 스위스 유학 경험도 있습니다. 이러한 성장 배경 때문에 김 위원장의 말은 완벽한, 혹은 일반적인 평안도 말과는 다를 수밖에 없습니다.

그러나 더 중요한 것은 김 위원장을 비롯한 북한 지도층의 공식적인 말, 나아가 신분과 관계없이 북한 사람들의 공식적인 말투입니다. 이들의 연설이나 공식적인 자리에서의 말을 들어보면 꽤 잘 들립니다. 익숙하지 않아 거칠게 들릴 수 있는 평안도나 함경도의 말씨도 잘 안 드러나죠. 가끔 끼어드는 생경한 어휘와 표현을 제외하면 명확하게 알아들을 수 있을 말입니다. 이는 분단 이후 서로 다른 어문규범이 적용되고 있을지라도 분단 이전의 공식적인 말투와 문어가 여전히 작용하고 있음을 뜻합니다. 일상의 말은 본래부터 달랐고 더 달라졌을 수도 있겠지만 적어도 공식적인 말투와 문어는 공통성이 더 많은 상황입니다.

   북한의 지도층 인사들, 그리고 고등교육을 받은 사람들은 공식적인 자리에서는 문화어 규범을 충실하게 따릅니다. 분단 이전에 맞춤법 및 표준어 규정이 있음에도 불구하고 북한에서 새롭게 문화어 규범을 제정했지만 이것이 이전의 규범과 완전히 다른 것은 아니죠. 이전 규범의 큰 틀은 그대로 유지하되 평안도나 함경도 말의 특성, 체제의 특성, 그리고 새롭게 세운 기준 몇 가지가 반영되었을 뿐입니다. 이렇게 달라진 부분에만 초점을 맞추면 남북의 규범이 많이 다르게 느껴질 수가 있습니다. 그러나 다를 수밖에 없는, 그리고 그들이 다르게 적용한 원칙 몇 가지를 제외하면 규범은 크게 다르지 않습니다. 이런 이유로 김 위원장의 말은 발음의 차이가 별로 느껴지지 않을 뿐만 아니라 내용도 잘 전달되는 것입니다.

'로동'의 '력사'

> 두음법칙을 지키지 않는 북한의 표기와 발음은
> 현실 발음이 아닌 규범에 의한 인위적인 것

"새로운 력사는 이제부터. 평화의 시대, 력사의 출발점에서." 2018년 판문점 회담 당시 김정은 위원장이 방명록에 남긴 문구는 이랬습니다. 그런데 김 위원장의 독특한 필체 때문에 '력사'인지, '역사'인지 헷갈립니다. 이뿐만이 아닙니다. 김정은 위원장의 연설에서는 '역사'와 '력사', '노동'과 '로동'이 번갈아 나타납니다. 규범이 엄격히 지켜지는 북한의 현실을 감안할 때 있을 수 없는 일이지만 김 위원장이기에 가능한 일이죠. 그리고 이와 관련된 규정의 미래를 점칠 수 있는 장면이기도 합니다.

북한말을 들을 때마다 가장 먼저 들리는 것, 그리고 규범의 차이를 논할 때마다 가장 앞자리에 놓이는 것이 소위 '두음법칙'과 관련된 것들이죠. 북한에서는 한자어에서 두음법칙을 인정하지 않아 '노인(老人)'과 '역사(歷史)'를 한자의 본래 발음에 따라 '로인'과 '력사'로 쓰고 말합니다. 이것이 북한말의 중요한 특징이라고 여기는데 결론부터 말하면 아닙니다. 이것은 규범일 뿐 현실이 아닙니다. 평안도나 함경도 말에서도 본래 '노인'과 '역사'였는데 문화어 규범을 만들면서 '로인'과 '력사'로 규정한 것입니다. 한자의 발음은 위치와 상관없이 같게 발음하고 표기하자는 원칙을 정한 것이니 그저 규정일 뿐이죠. 이것이 현실과는 달랐지만 규범이 엄격하게 시행되니 모두가 그렇게 따를 뿐입니다.

그러나 김 위원장의 발음은 이 규범과 조금 다릅니다. 원고가 있을 터이니 원고의 표기대로 읽을 때는 '력사'와 '로동'이죠. 그러나 자유롭게 말하듯이 할 때는 '역사'와 '노동'입니다. 이는 규범이 현실을 이기지 못함을 보여줍니다. 현실과 다르게 정해진 규범이지만 그럼에도 불구하고 지켜야 하니 다른 사람들은 공식적인 자리에서는 모두가 지켜야 합니다. 반면, 상대적으로 그 규범에서 자유로운 김 위원장은 규범은 어겼지만 자연스러운 현실 발음을 보여줍니다. 이것은 곧 두음법칙과 관련된 미래를 예측할 수 있게 해줍니다. 지금은 강력하게 시행되고 있는 규범이지만 현실과 다른 규범이니 두음법칙을 인정하지 않는 북한의 규범은 자연스럽게 폐기될 수 있는 것이죠.

'삶은 소대가리'와 '사람답게 살고 싶다'

> 방송과 대남 포고문에서의
> 호전적이고 모욕적인 표현은 의도적인 것

북한말에 대한 강렬하지만 부정적인 인상의 주범 중 하나는 검은 치마에 분홍색 저고리를 입고 나와 배 속에서부터 나오는 우렁찬 목소리로 도발적인 멘트를 날리는 리춘히 아나운서입니다. 북한에서는 '기백 있는 음성'이라고 하지만 남한에서는 듣기 어려운 음성과 억양에 호전적인 내용을 거침없이 쏟아냅니다. 이뿐만 아니라 통일 업무를 담당하는 공식 기관에서 '삶은 소대가리도 앙천대소할 노릇'이란 원색적인 비난을 퍼붓습니다. 주요 관리들마저 '새벽잠까지 설쳐대며 허우적거리는 꼴이 참으로 가관'이라거나 '겁먹은 개가 더 요란스럽게 짖어대는 것 이상으로 보이지 않는다'는 표현도 서슴지 않습니다. 이 모두가 이해하기 어렵고 모욕적인 표현이죠.

김 위원장의 동생이자 권력 서열 2위인 김여정 부부장 또한 막말 대열에 합류합니다. 문재인 대통령의 평양 방문 당시에는 웃는 얼굴에 상냥한 말투로 안내하던 그가 남한과 미국의 정치인과 대통령을 향해 '개 짖는 소리, 저 천치바보, 늙은이의 망언, 못난 인간' 등의 막말을 퍼붓습니다. 코로나19 유행의 책임을 돌리기 위해서는 '남조선 것들의 물건짝'을 언급하기도 합니다. 그의 지위와 맡은 일, 그리고 공식적인 담화나 연설임을 감안하면 이해하기 어렵습니다. 정치와 외교의 수사로는 적절하지 않은 이런 막말은 북한말에 대한 부정적인 인상을 더 강화시키죠. 나아가 북한말 자체가 이처럼 호전적이고 거칠다는 인상을 주기도 합니다.

남북의 관계가 악화될 때마다 나타나는 이러한 막말은 꽤 오랜 역사를 가지고 있습니다. 이 막말은 남한을 자극하기 위한 것인 동시에 북한 내부에 전하는 메시지이기도 하죠. 적개심을 더 강력하게 담을수록 남한에 대한 자극은 커지고 내부에 던지는 메시지는 강해집니다. 따라서 시간이 흐르면 흐를수록 강도가 더해질 수밖에 없습니다. 구호는 선명성과 호전성이 생명이니 새로운 표현이 개발되고 더 자극적인 표현으로 발전합니다. 대남 메시지를 작성하는 기관과 담당자들에게 주어지는 막말의 악순환이기도 하죠.

그런데 북한의 주민, 아니 '인민'들이 작성한 '삐라(전단)'나 벽서의 문구는 이와 묘한 대조를 이룹니다. 삐라나 벽서는 선전·선동을 목적으로 하는 것이니 그 문구는 선명하면서도 강력해야 합니다. 북한의 체제에 대해 반감을 품은 인민들이 작성한 문구이니 큰 기대를 하게 되지만 싱겁고 실망스럽기 그지없습니다. "김정은을 위해 일하지 말고 자기 자신을 위해 살자"나 "김정은 시대는 끝났다"가 현 체제에 대한 반감을 대변하죠. "우리도 사람답게 살고 싶다"거나 "우리에게 자유를 달라!"는 동서고금을 막론하고 어디에서나 있을 법한 문구입니다. 그나마 "김여정은 악종"이나 "김정은 개○○야, 너 때문에 인민들이 굶어 죽어가고 있다"가 적개심이 직접적으로 반영된 문구이죠.

기관이나 정치인들의 대남 구호나 발언의 수위에는 턱없이 모자란 이러한 문구들은 북한말에 대한 선입견이나 오해를 씻어줍니다. 한국전쟁을 묘사한 영화를 보면 북한 사람들은 '종간나 새끼'란 욕을 입에 달고 살 것 같습니다. 점잖게 말해야 할 지도층 인사가 쏟아내는 막말을 보면 일반인들은 훨씬 더 험한 말을 쏟아내야 할 것 같습니다. 그러나 그 내막을 속속들이 알 수는 없지만 남쪽의 우리가 쓰는 만큼의 욕설과 험한 말을 쓰는 것입니다. 살기가 팍팍해지고 주변의 압박이 심해지면 말 또한 영향을 받겠지만 본래의 말과 표현이 험하고 호전적인 것은 아닙니다.

청바지와 '막대 기억기'에 거는 기대

> CD·USB 등에 담겨 문화 전파,
> 이미 말과 글의 교류는 진행 중

청바지와 흰옷을 같이 빨면 흰옷에 푸른색이 뱁니다. 김정은 위원장이 연설에서 남한말을 썼다면 이렇게 자연스럽게 배어든 말일 것입니다. 북한에서는 '오빠, 파이팅, 님'이 금지된 말이죠. 청바지의 푸른 물이 스며들 듯 북한말에 스며든 남한의 말이기 때문입니다. 이 말들은 '알판'과 '막대 기억기', 그리고 전파를 통해 북한에 스며들었습니다. CD와 USB에 담긴 남한의 노래, 영화, 드라마가 중국을 통해 유입되어 널리 퍼집니다. 전파는 국경이 없고 인터넷은 선만 깔려 있으면 어디든 통하죠. 이런 경로로 남한의 말이 자연스럽게 전파됩니다. 북한 당국에서 막으려 노력하지만, 청바지를 아예 입지 않는 한 푸른 물이 배는 것을 막을 수는 없습니다.

　남북한의 TV 송수신 방식이 같았다면 이미 통일이 되었거나 통일을 훨씬 앞당길 수 있을 것입니다. 전파를 통해 전해지는 문화와 말의 힘이 그만큼 강력한 것이죠. TV가 아니더라도 다른 매체를 통해 전해지는 말은 이미 남북의 소통 가능성을 확대해 가고 있습니다. 김정은 위원장의 'ㅈ' 발음과 유사한 변화가 평안도 말에서 나타나고 있는 반면, 남한의 젊은 층에서는 평안도와 유사한 'ㅈ' 발음이 점차 늘고 있습니다. 의도된 것은 아니지만 말소리마저 비슷해지는 경향이 나타나고 있습니다. 일부러 찾아서 보고 들을 필요는 없지만 북한 지도자의 말이나 방송에 눈과 귀를 집중해 보세요. 이미 북한에는 남한의 말이 스며들고 있는 상황, 착각과 선입견을 걷어내면 잘 들리니 그렇게 말이 통하면 통일도 앞당겨집니다.

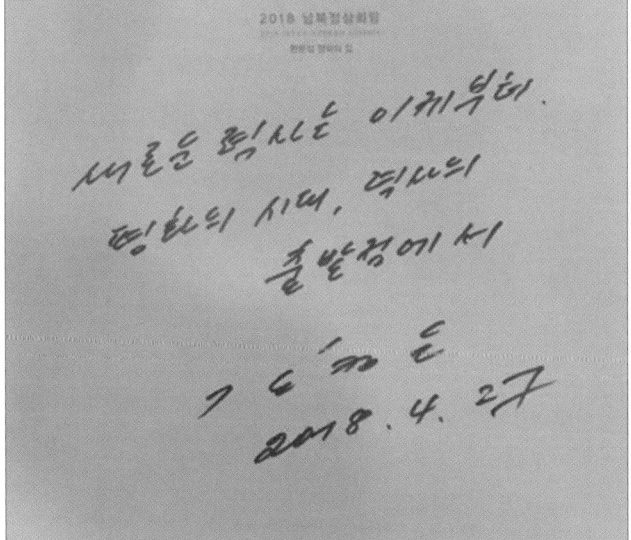

2018년 4월27일 남북정상회담이 열린 경기 파주시 판문점에서 문재인 대통령이 김정은 국무위원장의 손을 잡고 군사분계선을 넘어 북측 지역에 갔다 다시 남측 지역으로 향하고 있습니다. 김정은 위원장은 2018년 남북정상회담을 위해 찾은 '평화의집' 방명록에 "새로운 력사는 이제부터. 평화의 시대, 력사의 출발점에서"라고 적었습니다.

2 삶의 향기가 스민 말과 글

소래포구는 배가 드나드는 항구보다는 어시장으로 사람들의 머리에 각인돼 있습니다.
그래서 드나드는 수많은 배와 떠들썩한 경매 현장은 보기 어렵고, 생선회, 젓갈, 건어물과 다양한
해산물을 파는 좌판과 크고 작은 음식점이 눈에 띕니다.

[01]

소래포구 어시장에 가다

시끌벅적 팔도 언어 '모듬',
'싯가' 따라 크고 작은 행복 한 접시

> 비린내와 땀내가 섞인 어시장,
> 전국 각지의 생선과 사람 그리고 말이 어우러지는 공간

'소정방(蘇定方)이 왔다(來)' 해서 소래라고요? 단언컨대, 소정방은 이곳에 오지 않았습니다. 당나라 군대를 이끄는 소정방이 아무리 대단한 인물이더라도 땅 이름은 그리 함부로 짓지 않습니다. 소래의 한자 또한 '蘇萊'이니 이런 지명 유래는 그저 지어낸 이야기에 불과하죠. 굳이 지명 유래를 찾고자 한다면 '소나무 숲 사이를 흐르는 내'를 뜻하는 '솔내'에서 찾는 것이 낫겠습니다.

　소정방은 소래에 오지 않았지만 서울과 경기 일원의 맛을 찾는 사람들, 그리고 전국은 물론 해외의 각종 바다 산물은 죄다 이곳으로 모입니다. 수인선 협궤 열차의 추억을 되살리고

자 하는 나이 지긋한 이들, 여기저기 맛집 탐방을 하며 '안쪽별'(인스타그램)이나 '얼굴책'(페이스북)에 사진의 추억을 남기고자 하는 젊은이도 찾습니다. 그리고 잊을 만하면 바가지 상술로 온갖 욕을 먹어 억울한 우리들의 억척스러운 이웃들이 이곳을 지킵니다.

'모듬'과 '싯가', 소래포구 어시장의 좌판에서 가장 많이 발견되는 단어입니다. '제주도'부터 '서울'까지, '진경이'부터 '수철이'까지, 반짝이는 간판은 각양각색의 상호를 펼쳐 보입니다. 그렇습니다. 이곳은 한반도 전 지역과 그 땅에 사는 사람들의 이름이 '모듬'을 이룬 곳, 나라 안팎의 정세에 따라 '싯가'가 들쭉날쭉한 그런 곳이죠. 그리고 각지의 말이 각양각색의 삶과 어우러져 복잡한 변주를 들려주는 곳입니다.

제주 진경이부터 서울 수철이까지

> 저마다의 사연을 담은 이름의 간판,
> 각 지역 사람들의 숨결을 담아

소래는 포구이지만 배가 드나드는 항구보다는 어시장으로 사람들의 머리에 각인돼 있습니다. 그래서 드나드는 수많은 배와 떠들썩한 경매 현장은 보기 어렵고 생선회, 젓갈, 건어물과 다양한 해산물을 파는 좌판과 크고 작은 음식점이 눈에 띕니다. 큰불이 난 뒤 말끔하게 단장해 다시 문을 연 옛 시장, 그리고 수인선 철로 곁에 새로 건설된 종합어시장에는 수없이 많은 좌판과 음식점이 저마다의 이름을 내걸고 치열한 경쟁을 벌입니다.

○○수산 모듬회. 어시장의 간판에서 가장 많이 볼 수 있는 단어는 '수산'이고, 가장 많은 손글씨는 '모듬회'이죠. 그런데 깐깐한 국어 선생의 눈에는 모두 어색한 엉터리입니다. '수산' 앞의 빈자리에는 어김없이 '충남'이나 '제주' 같은 광역 지명부터 '완도'나 '서산' 같은 기초 지명까지 총출동합니다. 그 주인들의 고향, 혹은 추억이나 사연이 깃든 지명일까요? '수산(水産)'은 바다나 강에서 난 산물을 뜻하는데 왜 이 단어를 넣어 이름을 지었냐고 주인장들에게 물어보면 그냥 유행이어서 그렇다는 답만 나옵니다.

'모듬'은 이런저런 회를 모아 1만 원에서 2만 원의 가격을 매겨 놓은 손글씨나 음식점의 메뉴판에서 발견되는데 안타깝게도 틀렸습니다. '모듬'은 '모임'의 다른 말인데 죽은 물고기가 스스로 모이지는 않았으니 틀렸습니다. '모둠'도 가끔 보이는데 사전을 보면 이 단어는 교실에서의 소규모 공부 단위만 가리키니 역시 틀렸습니다. 현실에서 모듬이나 모둠은 '모듬회' '모둠전' 등과 같이 여러 가지를 모아 한 접시에 담아내는 음식 이름에 쓰이는데 규범이나 어법의 잣대로 보자면 모두 틀렸습니다.

그러나 정작 틀려먹은 건 비린내와 땀내가 어우러진 이 공간에 와서 단어의 뜻이나 규범을 따지고 있는 이 국어 선생입니다. 무슨 이유, 어떤 사연에서든 가게 이름을 짓는 것은 그들의 자유입니다. 그들의 고향이 목포나 서산이 아니어도, '진경이'나 '수철이'가 아이의 이름이 아니어도 지역의 이름과 자녀의 이름을 걸고 '수산업'에서 일익을 담당하겠다는 자세 아닌가요? 모듬회든 모듬전이든 게으른 국어학자들이 적절한 이름을 짓지 못하는 사이에 저들이 먼저 멋진 이름을 지은 것이 아닌가요?

비린내 가득한 이곳은 교과서나 사전에서는 배울 수 없는 말과 글의 황금어장입니다. 간판 속의 지명과 이름을 보면 요즘 뜨는 지역, 혹은 사람들의 향수와 구매욕을 자극하는 이름이 무엇인지 알 수 있습니다. 매직으로 쓱쓱 휘갈겨 쓰기 시작한 음식 이름은 우리의 먹거리뿐만 아니라 말과 글을 풍성하게 하고 사전의 두께를 늘리는 자산입니다. 국어 선생은 그런 팔도의 말 모둠을 그저 배우면 됩니다.

'활어 사시미'의 생존력

> 의미 안 맞는 간판부터 '스키' '세꼬시' '마스카와' 같은 정체불명 일본어 유래 단어까지

"형님, 스키 많이 줄게. 삼촌, 도다리 세꼬시도 맛있어. 사장님, 색다르게 즐기려면 참돔 마스카와 어때요?"

좌판을 지날 때마다 들리는 호객 소리에 마음이 영 불편해

집니다. '난 당신 같은 동생이나 조카를 둔 적 없어. 이제까지 살면서 사장이었던 적이 한 번도 없고. 그리고 언제 봤다고 반말이야.' 속으로는 이렇게 되뇌면서 그 말들을 귓등으로 흘려버립니다. 그러다 문득 든 생각, 나는 무엇을 불편해하는 것일까요? 호칭? 반말? 손님 하나라도 더 붙잡고 싶은 그들의 절절한 호객의 말?

호칭이 기분 나쁘다면 대안을 말할 수 있어야 합니다. 내 이름, 직업, 직책을 모르는 이들이니 나를 무엇으로 불러야 할까요? '아저씨' '형씨'는 왠지 깔보는 느낌이 들고, '여기요' '저기'는 호칭인지 의심스럽습니다. '사장님'은 그들이 모르는 사람을 높일 수 있는 최선의 호칭이고, '형님' '삼촌'은 처음 보는 이지만 살갑게 다가서려는 마음의 표현입니다. 반말은 낮춤말이 아니라 편한 말이라고 스스로 말해 오지 않았나요? 멀뚱히 앉아서 지나가는 손님을 빤히 쳐다보기만 하면 오히려 기분 나빠 할 것 아닌가요? 불편해할 일이 아닙니다. 많은 이들이 답답해하는 호칭과 경어법에 대해 답하지 못한 스스로를 탓할 일이죠.

더 불편한 것은 '스키' '세꼬시' '미스카와' 등 정체불명의 일본어입니다. 각각 회에 곁들여 나오는 반찬, 뼈째 썬 회, 가죽을 벗기지 않고 살짝 데쳐 낸 회를 뜻하는데 일본어에서 유래했지만 발음이나 표기가 엉터리고 뜻도 모호하죠. 이보다 먼저 따져야 할 것은 '회(膾)' '사시미(刺身 さしみ)' '생어편(生魚片·Shengyupian)'의 관계이죠. 한·중·일 삼국은 모두 한자를 쓰

는데 어찌 된 일인지 같은 대상을 서로 다른 한자어로 쓰고 있습니다. 이는 이 음식이 어느 나라 음식인가와도 밀접한 관련이 있습니다.

음식의 종주국과 그 이름에 대한 소모적인 논쟁은 제쳐 두고 소래포구, 나아가 우리의 음식에만 초점을 맞추면 '활어회'는 우리의 음식입니다. 우리는 펄펄 뛰는 물고기를 잡아서 바로 회를 뜨니, 숙성해서 회를 뜨는 사시미와는 다릅니다. 일본이 먼저 세상에 알려 '사시미(Sashimi)'가 만국 공용어로 쓰이고 있지만 어시장과 바닷가를 가득 메운 '횟집'과 그곳을 찾는 사람의 수는 우리가 훨씬 더 많을 듯하니 활어회는 곧 우리 음식입니다.

문제는 '쓰키다시' '세꼬시' '마스카와' 등 일본어의 잔재라고 일컬어지는 것들입니다. 이를 두고 언어학자와 음식 전문가들은 저마다 할 말이 있을 것이죠. 그러나 이 말 또한 소래포구의 물고기처럼 펄펄 뛰며 살아 움직이고 있습니다. 이 말은 책상물림들이 순화해야 할 말이 아니라 소래포구를 비롯한 전국의 횟집을 이끌고 있는 '칼잡이'들이 결정할 문제입니다. 고급 서양 음식점의 '셰프'들이 '스테이크'와 '파스타'를 원어 그대로 아무렇지 않게 쓰듯이, 회칼을 들고 맛있는 음식을 만들어 내는 이들이 결정할 문제입니다.

만 원의 '싯가'

> 만 원으로 즐기는 모둠회부터 가늠이 안 되는 '싯가'까지,
> 돈의 가치를 느끼는 공간

'한 접시에 만 원.' 회는 비싼 음식이란 인식이 있는 이들에게 소래포구의 좌판에서 발견되는 이 문구는 무척이나 반갑습니다. 좀 더 양이 많거나 '고급진' 회는 2만 원이니 이 또한 고맙죠. 이와 반대로 횟집의 메뉴판에서 공포를 자아내는 글자는 도대체 얼마일지 가늠이 안 되는 '싯가'입니다. 본래 한자어는 '시가(時價, 市價)'이니 잘못된 표기이지만 발음이 [시까]이고 메뉴판에 '시가'라고 적어 놓으면 손님들이 어리둥절할 테니 이 또한 국어 선생이 시비 삼을 문제는 아닙니다.

'라떼'보다 더 오래된 옛날이지만 세종대왕 한 장이면 두 사람이 영화를 보고 저녁까지 함께 먹을 수 있었던 시절이 있었습니다. 그러나 요즘 1만 원으로는 한 사람의 점심과 '아아' 한 잔을 감당하기가 벅찹니다. 물가는 곧 '시가(時價)'입니다. 1980년대와 현재의 1만 원 가치는 각각의 시기가 결정합니다. 40여 년의 시간이 물가의 차이를 가져온 것이니 과거의 물가로 현재의 물가를 따지는 것은 옳지 않지만 시가의 차이가 크게 느껴지는 것은 사실입니다.

그런데 물가는 곧 '시가(市價)'이기도 하죠. 공급과 수요가 이루어지는 곳, 파는 이와 사는 이가 만나는 곳인 시장이 가격을 결정합니다. 그 시가를 피부로 접할 수 있는 것이 바로 '한

접시에 만 원'이죠. 이 한 접시에는 물고기를 잡거나 기르고 유통하는 비용, 썰어서 접시에 담는 이의 노동력, 그리고 파는 이의 이문이 포함돼 있습니다. 이것이 적절하게 조화를 이루고 있다면 모두에게 만 원의 행복을 줍니다.

때때로 이 '싯가'가 말썽을 일으킵니다. 부르는 게 값일 때, 저울 속임과 눈속임으로 물건을 팔 때, 뜨내기손님에게 바가지를 씌울 때 문제가 되고 그때마다 심심찮게 소래포구의 이름이 오르내립니다. 그렇지만 고마운 만 원의 시가는 소래포구에서 오래도록 유지될 듯합니다. 세종대왕으로는 감당이 안 돼 신사임당이 등장해야 하기 전까지 상인들은 최선을 다해 '한 접시에 만 원'을 유지하려 애쓸 것이기 때문이죠. 한 점 한 점 정성스럽게 썰어 접시를 가득 채우는 손길과 간절한 손님을 부르는 대다수의 형님, 동생, 누님, 아우, 조카들이 있는 한.

"오세요, 오세요. 싸고 맛있어요. 많이 드릴게요." 끊임없이 외쳐대는 좌판 상인들 사이를 비집고 다니다 보면 영락없이 발견하게 되는 문구가 '임대' 또는 '세놓음'입니다. 상인들의 간절한 호객 소리만큼이나 가슴 아픈 문구이죠. 텅 빈 채로 남아 있는 수조와 각종 집기들, 이전의 주인은 남은 설비마저 처분할 경황도 없이 떠났겠지요. 안타까운 것은 세를 놓은 주인도 마찬가지, 매달 들어와야 할 월세 없이 관리비만 나가니 말이에요.

'오세요'는 좌판 상인만의 목소리가 아닌 소래포구 전체의 목소리이기도 하죠. 팔도의 모든 지명이 모둠으로 있는 곳, 그곳에 이 땅의 모든 진경이와 수철이가 모듬을 갖는다면 임대라는 문구는 사라질 것입니다. 사시미가 아닌 펄펄 뛰는 활어회를 즐길 수 있는 곳, 누구나 만 원의 행복을 누릴 수 있는 곳, 소래포구의 풍경은 여전히 '오세요'를 외칩니다.

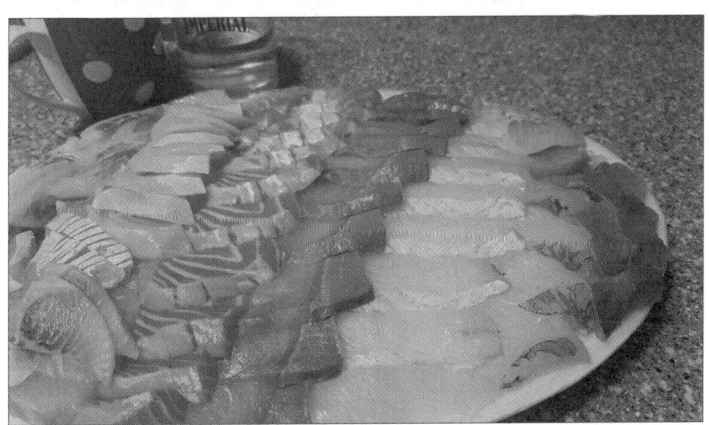

흔히 '세꼬시'라고 부르는 뼈째 자른 회. 국립국어원에서는 '뼈째회'를 쓸 것을 권하지만 사람들의 입에는 세꼬시가 더 잘 붙습니다.
1만 원, 2만 원, 3만 원 등으로 가격이 매겨지는 소래포구 좌판의 모둠회, '싯가'의 공포를 이기고 가벼운 주머니로도 즐길 수 있습니다.

학림다방의 비엔나커피, 요즘도 이곳에선 추억을 팝니다.

[02]

옛날 다방에 가다

가슴 설렌 '약속' 지금 어디에,
옛날식 다방에선 '추억'을 판다

> "쌍화차에 노른자?"를 묻는 '레지'는 없지만,
> 삼삼오오 세월을 마시고 어제와 오늘을 얘기하는 이들이 있다

그야말로 옛날식 다방에 앉았습니다. 고희를 바라보는 대학로의 '학림', 그리고 곧 나이 사십이 되는 을지로의 '을지다방'과 안국동의 '브람스'이니 저마다의 자리에서 나처럼 늙은 다방입니다. 앉으면 푹 꺼지는 푹신한 ㄱ자 소파, 낡은 LP와 스피커, 한쪽 벽면을 메운 세로글씨의 메뉴를 보면 틀림없는 옛날식 다방입니다. 그런데 나름대로 멋을 부리고 실없이 농담을 던지는 마담과 찰지게 껌을 씹으며 "아저씨, 쌍화차에 노른자 동동?"이라 묻는 '레지'가 없습니다. 그래도 걸쭉한 쌍화차와 비엔나커피가 있고 혼자 앉아서 추억을 곱씹거나 쌍쌍이 혹은 삼삼오오 앉아서 현재와 미래를 논하는 이들이 있으니 다행입니다.

다방, 카페, 커피숍 등 수많은 이름으로 불리는 공간, 차와 커피는 물론 한약을 닮은 음료가 차로 둔갑해 팔리는 공간이죠. 매일같이 출근해 죽치고 앉아 2 대 2 대 3 비율의 커피를 홀짝이는 이들, 시내 나들이를 나온 젊은 연인들, 옛 추억에 젖어 쓴 커피와 음악을 들이키는 이들 등 드나드는 사람은 제각각이지만 누구나 찾아가 어떤 사람이든 만날 수 있는 공간이고 시간이 흐를수록 추억으로 남는 공간입니다. 그리고 누군가에게는 '차 한잔 마시자'란 약속을 지키다 삼시세끼를 같이하는 사이로 발전하는 공간이기도 하죠.

'끽다점'부터 '카페'까지

> 사라져서 더 그리운 곳,
> 지금 대학로 다방엔 젊은이들이 가득

"구보는 차를 마시며 문득 끽다점에서 사람들이 취하는 음료를 가져, 그들의 성격, 교양, 취미를 어느 정도까지는 알 수 있을 것이 아닌가 하고 생각하여 본다." 1934년에 발표된 박태원의 「소설가 구보 씨의 일일」에는 '끽다점'이 나옵니다. 차 마시는 것을 선(禪)의 경지까지 끌어올린 종심선사의 '끽다거(喫茶去)'란 구절을 아는 이들에게는 낯설지 않겠지만 한자 '喫'은 매우 특이합니다. 된소리가 극히 드문 한자 중 몇 안 되는 된소리 한자인 '끽(喫)'은 '마시다'의 뜻이지만 '끽연(喫煙)'에서는 '피우다'의 뜻도 있습니다. '먹다'의 뜻도 있지만 생존을 위한 음식이 아닌 기호품을 즐긴다는 뜻이 강하죠.

훈과 음이 각각 '차' '다'인 한자 '茶' 또한 매우 특이하죠. 이 한자는 '차'로도 읽히는데 이것이 본래의 한자음이니 '차'는 고유어가 아닌 한자어입니다. 그렇다면 한자음 '다'는 어디서 온 것일까요? 15세기에 간행된 한글 문헌에도 '차'와 비슷한 소리로 표기되었는데 이후의 문헌에서는 '茶 차 다'와 같이 설명되어 있기도 합니다. '다'란 한자음의 유래를 알기 위해서는 훨씬 이전의 한자음 정보가 필요한데 현재로서는 알 수 없습니다. 그렇지만 '茶'가 '차' 또는 '다'로 읽힌다는 것을 알아야 '끽다점'을 비롯해 '다실, 다점, 차실, 차점, 찻집'이 모두 같은 장소를 가리킨다는 것을 알 수 있습니다.

그렇다면 다방과 비슷한 '카페(cafe)'는 무엇인가요? 한때 다방은 노인네들이 가는 곳이라면, 카페는 젊은이들이 찾는 곳이라는 인상이 강했습니다. 그렇지만 카페는 본래 커피를 파는 곳이라는 뜻의 스페인어 '카페테리아(cafeteria)'였으니 어원을 따져보면 카페나 다방이나 같은 뜻이죠. 커피는 아라비아의 것이 서양으로 들어가 대중화된 것이니 동양에 차를 파는 곳인 '다방'이 있다면, 서양에는 커피를 파는 '카페'가 있는 것입니다. 그러나 '서세동점(西勢東漸)'이 음료에도 영향을 미쳐 다방은 차를 파는 곳이라기보다는 커피를 파는 곳이라는 인상이 강해졌습니다.

상황이 이렇다 보니 차만 파는 '진짜 다방'은 '전통찻집'이라 불리고 차는 안 팔고 커피만 파는 곳은 '커피숍' 또는 '커피 전문점'으로 불립니다. 차만 전문으로 파는 집도 있긴 한데 '밀크티(milk tea)'라는 이름으로 불리는 이 차는 전통적인 차와는 거리가 멀죠. 이래저래 진짜 다방 혹은 옛날식 다방은 거의 자취를 감추었습니다. 간혹 보이는 다방은 어쩌다 살아남거나 일부러 '레트로(retro)'를 내세우는 다방일 뿐이죠. '청년'이나 '백씨'가 대담하게 간판에 '다방'을 내걸기는 했으나 생뚱맞은 떡볶이에 당황하거나 옛날식 다방 커피에 그나마 위안을 삼을 수 있을 뿐입니다.

다방에서 파는 것

> 난로 위 주전자의 엽차, 황금 비율의 '다방 커피'
> 그리고 비엔나커피까지, 그때의 다방은 그랬다

"안 마담 말여, 여기 보리 숭님만 두 사발 들였다 놓구 갈게 아니라 말여, 돈 받을 것두 두어 보세기 퍼 오야 허잖여. 그 왜 촌놈 설탕 맛으로 마시는 거 있잖여." 소설가 이문구는 1970년대 초 충남 대천의 다방 풍경을 이렇게 그려놓았습니다. '보리 숭님'은 흔히 '엽차(葉茶)'라고 불렸던 '보리차'를 가리키는 것일 터이죠. 엽차라면 찻잎을 끓인 것이라야 할 텐데 볶은 보리를 끓인 물이 그 자리를 대신 차지하게 된 것도 다방이 빚어낸 풍경입니다. 그래도 역시 다방의 대표 메뉴는 분말 커피, 설탕, 크림을 저마다의 황금 비율로 타주는 '다방 커피'이고 이것이 '내린 커피'를 주는 커피 전문점과 구별되는 점이기도 하죠.

그런데 2024년 눈비가 내리는 겨울날에 찾아간 다방의 대표 메뉴는 쌍화차와 비엔나커피입니다. 차라 불리긴 하지만 본래 한약 쌍화탕을 간소화하고 거기에 달걀노른자까지 동동 띄웠으니 실로 괴상한 차가 아닐 수 없습니다. 다방이란 이름에 걸맞게 차를 팔아야 하고 이왕이면 건강을 챙길 수 있는 비싼 값에 팔 메뉴가 필요해서 만들어진 것은 아닐까요? 비엔나커피는 도시 이름을 달고 있지만 정작 본고장 빈에서는 마부가 마시는 커피를 뜻하는 '아인슈패너 커피(Caffe Einspänner)'라 불립니다. 대학로에 자리 잡은 이 다방은 먹물이 든 이들이 많이 드나드는 곳으로, 촌놈들이 설탕 맛으로 마시는 다방 커피와 구별되는 메뉴를 내기 위한 노력이 엿보입니다.

그런데 다방을 찾는 이들은 차만 마시고 갈 이, 즉 끽다거하려고 온 이들은 아닙니다. 커피 한 잔을 시켜놓고 그대 올 때를 기다렸다 만나는 이, '도끼빗'을 뒷주머니에 꽂고 느끼한 목소리로 노래를 틀어주는 오빠를 촉촉한 눈으로 바라보는 이, 손전화가 없던 시절 어디선가 걸려 올 전화를 하염없이 기다리는 이들도 있었습니다. 요즘에는 조용한 도서관 놔두고 커피 한잔으로 자리를 도맡아 공부하는 '카공족'도 많습니다. 그러나 이런 것은 모두 부수적일 뿐, 결국 집 밖에서 누군가를 만날 때 마실 것 하나를 사이에 놓고 만날 수 있는 곳이 다방입니다.

요즘의 그야말로 옛날식 다방은 추억을 팔고 있습니다. 씁

쓰름한 커피 맛에 익숙한 젊은이들이 감기에 걸린 것도 아닌데 쌍화차가 입맛에 맞을 리가 없습니다. 그런데 다방을 찾은 많은 젊은이들이 쌍화차를 시킵니다. 다방 커피를 시킬 만도 한데 그건 일회용 커피로 얼마든지 대체할 수 있으니 매력적이진 않습니다. 비엔나커피도 그렇지만 아이스크림, 과일, 과자, 생크림 등이 어우러진 파르페도 시중의 커피 전문점에서는 맛보기 어려우니 옛 추억을 되살리기 위해 찾습니다. 모두가 달콤한 맛입니다. 그렇습니다. 이왕이면 추억도 달콤한 것이 좋습니다.

나처럼 늙어가는 추억

> 홀연히 자취를 감춘 다방처럼
> 차 한 잔 나눌 그 사람도 떠날지 모른다

을지로의 다방에는 20대 남자와 여자 두 명씩 각 한 테이블, 60대 여자 두 명 한 테이블, 근처 인쇄소에서 일하는 것으로 보이는 50대 다섯 명 한 테이블, 이렇게 차지하고 있습니다. 말을 이을 때 살짝 끌어올리는 말투의 20대 젊은이들과 새침한 서울 말투를 쓰는 60대의 말투가 어우러집니다. 그리고 사뭇 심각해 보이는 50대의 무거운 말투도 다방 커피처럼 섞입니다. 대학로의 다방에는 젊은이들 일색이죠. 2층의 여섯 테이블에 두 명씩 앉아 있는데 어깨를 맞대고 나란히 앉은 연인 사이 두 쌍은 비엔나커피보다 더 달콤해 보입니다.

그런데 대학로 다방의 한가운데 테이블에 녹색의 맥주병 하나를 놓고 연신 전화를 걸어대는 50대 남자가 유난히 튑니다. 이 근처에서 학교에 다녔는지 '나 지금 거기야'라며 전화번호부 속의 모든 친구에게 전화를 돌립니다. 남자 동창들과 통화할 때 다소 거칠었던 말투가 일순간 부드러워지더니 '몇 시에 어디서'라는 약속까지 잡고는 얼굴에 화색이 돕니다. 만나는 이가 '첫사랑 그 소녀'인지는 모르겠습니다. 그러나 부디 '어디에서 나처럼 늙은' 모습에 실망하기보다는 첫사랑 그 시기의 마음으로 만나길 기원해 봅니다.

안국동의 카페 얘기를 했더니 지금도 음악에 심취해 있는 친구가 그곳의 풍경을 복기해 냅니다. 브람스의 얼굴과 커다란 글씨로 쓰인 이름, 마루와 의자의 색, 그리고 흐르던 음악까지 말해 줍니다. 그런데 딱 한 가지 빼놓는 것이 있습니다. 그날 그 자리 자신의 눈동자에 눈부처로 앉아 있던 그 사람이죠. 그 눈부처가 지금 자신의 곁에 있다면 그리워하지는 않을 터, 눈을 감으면 사라지는 눈부처처럼 희미한, 어디에서 무엇을 하며 어떻게 살고 있는지 모를 그 사람 이야기가 빠져 있습니다.

오래 가게, 아니 오래 가시게

> "우리, 언제"라 하지 말고 당장 마주할 곳을 찾자,
> "오래오래 가게"

"언제 차 한 잔 마시자." "조만간 밥 한 끼 먹자." 최근에 이 말을 입 밖으로 낸 기억이 있다면 곰곰이 되짚어볼 필요가 있습니다. 이 말은 그냥 지나가는 말이었는가 아니면 약속 혹은 다짐이었나요? 이 말대로 차 한 잔 또는 밥 한 끼를 먹었나요? 한국에서 생활하는 외국인들이 당황스러워하는 것 중 하나가 이 말입니다. 이 말을 믿고 약속을 잡자는 연락이 오기를 이제나저제나 기다렸는데 오지 않는다는 것이죠. 차를 마시거나 밥을 먹지 못해서 서운한 것은 아닐 터입니다. 차와 밥을 사이에 두고 얼굴을 마주 보며 이야기를 나누는 과정에서 더 가까워지기를 원하는 것이겠죠.

수없이 많았다가 어느 날부턴가 홀연히 자취를 감추기 시작한 다방처럼 차 한 잔 마실 그 사람도 내 곁에서 떠나갈지 모릅니다. 차 한 잔이 밥 한 끼가 되고 그 한 끼가 삼시세끼도 될 수 있는 그런 사람일지도 모릅니다. 그렇게 보내놓고 그리워하기 전에 당장 차 한 잔 마실 곳, 다방이 아니더라도 차나 커피를 마주하고 앉을 곳을 찾아보는 것이 좋겠습니다. 차나 커피를 팔지만 우리를 위한 자리도 같이 파는 곳, 그래서 우리의 추억이 시작되게 해주는 그곳이 '언제' 혹은 '조만간'이 아닌 당장이 되어야 할 이유입니다.

을지로의 다방 안에 네온사인으로 멋지게 그려놓은 '오래 가게'가, 그리고 대학로의 다방 기둥에 붙은 '서울 미래 유산'이란 문구가 의미 깊게 다가옵니다. 누가 이름을 붙였는지 모르지만 '오래 가게'란 명칭을 지은 이는 상을 받을 만합니다. 본래의 의미는 '오래된 가게'이겠지만 입으로 읊어보면 '먼 훗날까지 오래 살아남아 가시게'라는 말로 들립니다. 작은 다방이 거대도시 서울의 미래 유산이 되는 것이 우습게 여겨질 수 있지만 그곳에서의 수많은 만남을 생각해 보면 그럴 자격이 충분하죠. 그 자리에 지금의 내가 가서 차 한잔 마시는 것도 먼 훗날에는 소중한 유산이 됩니다.

을지다방에 걸려 있는 '오래된 가게' 인증. 오래 가시게.

요즘의 당구장 풍경, 자욱한 담배 연기나 시끄러운 소리 대신 밝고 쾌적한 공간에서 예의 바르게 스포츠를 즐깁니다.

〔03〕

당구장에 가다

공뿐 아니라 말들이 부딪치는 공간,
청산 대상 된 '쫑' '뻭사리'는 억울하다

과거 건달·불량배 스포츠로 인식

일본풍인 용어도 청산 대상 치부

자욱한 담배 연기 사이로 보이는 동네의 건달들, 한쪽 구석의 때에 전 소파에 앉아 짜장면 냄새를 피우는 이들, 몇 시간째의 노름 경기에 오고 가는 때 묻은 돈들, 과거의 풍경은 이랬습니다. 그러나 그보다 훨씬 이전에는 창덕궁과 덕수궁에 마련된 공산에서 시간 가는 줄 모르고 놀이를 즐기던 고종과 순종의 모습이 있었죠. 여기에 최근 몇 년 사이 국제 규격의 설비를 갖춘 밝고 쾌적한 공간에서 조용히 '스포츠'를 즐기는 이들의 모습이 겹칩니다. 대한제국 시절에는 '옥돌실'이라고 불렸던 당구장의 모습이죠.

　시대에 따른 공간의 변화와 그에 따른 이미지의 변화는 당연합니다. 그런데 또 하나 흥미로운 것은 이 공간에서 쓰이는 말과 그것의 전파 양상, 나아가 그에 대한 반응과 평가이죠. 황실에 설치된 당구대가 일제였듯이 당구 용어도 일본어 일색이었으니 질타의 대상이었습니다. 그런데 그 질타와 달리 이곳에서 쓰이던 말이 점차 당구를 치지 않는 사람들 사이에도 퍼지다가 급기야는 한국이 낳은 세계적 영화 거장의 작품 세계를 가리키는 말로도 쓰였죠. 그렇습니다. 이 공간은 공뿐만 아니라 수없는 말들이 부딪치는 공간입니다.

일제 잔재에 대한 '겐세이'

> 당구의 원산지는 본래 유럽이지만
> 일본 통해 장비·규칙 유입되면서 용어도 일본어 많아

"시네루 이빠이 주고 히끼로 오마 돌려. 아니면 오시로 나미 따서 하꼬 레지에 쪼당 보구." 보통 사람들에게는 암호처럼 들리겠지만 과거에 당구를 배운 이들에게는 '회전 최대로 넣고 끌어서 안쪽으로 돌려, 아니면 얇게 밀어 안으로 돌리기 대회전 쳐서 플러스 투를 노리든지'라는 말보다 더 귀에 쏙쏙 들어오는 일상적인 말입니다. 나라 밖에서 문물이 들어올 때는 말까지 묻어오게 마련이죠. 당구는 본래 유럽에서 시작되었지만 일본을 통해 장비와 기술이 들어오다 보니 당구 용어는 모두 일본어 일색이었습니다.

틀린 용어	맞는 용어	틀린 용어	맞는 용어
가락/가라꾸	빈 쿠션 치기	오마오시	안으로 돌리기
가야시	모으기	오시	밀어치기
나미	얇게 치기	우라/우라마우시	뒤로 돌리기
니꾸	투 터치 드리블	짱꼴라	빗겨치기
다마	공	쪼때이/쪼단/쪼단조	장단
다이	당구대	쭝	키스
다이다이	같은 당구수지	하꼬/하꾸	제각 돌리기
담뿌/답쁘	팁	황오시	바운딩
레지	대회전	후루꾸/뽀루꾸	행운의 샷
무당	무회전/노 잉글리쉬	히까기/시까끼	1쿠션 걸어치기
시다	감아치기	히끼/시끼	끌어치기
아도	포지션 플레이	히네루/시네루	회전
야스리	줄	히로/빠킹	벌점, 파울

당구장 용어 바로잡기 예시. (자료: 국어문화원연합회)

"맛세이로 원빵꾸 치려고 했는데 키스 나서 뽀로꾸로 들어갔네." 이 또한 '찍어치기로 원뱅크 넣어치기를 하려 했는데 원하지 않는 공끼리 부딪쳐 요행으로 성공했네'보다 훨씬 간결하기도 합니다. 가끔씩은 영어나 프랑스어가 끼어들기도 했으니 '맛세이'는 찍어치기를 뜻하는 프랑스어 '마세(masse)'에서 온 것입니다. 그리고 공이 아닌 벽부터 치는 '뱅크(bank)', 원하시 않는 공끼리 부딪치는 '키스(kiss)', 요행으로 성공한 '플루크(fluke)'는 영어에서 들어와 그대로 쓰이거나 제멋대로 변화해 쓰이기도 했습니다.

가뜩이나 당구는 건전한 스포츠가 아닌 건달들의 노름으로 인식되는 마당에 말마저 이러하니 시선이 고울 리가 없었습니다. 이런 말들의 원산지가 대부분 식민 지배의 악몽을 남

겨준 일본이니 '순화'를 넘어 '청산'해야 할 대상으로 치부되었죠. 게다가 각각 '비틀다'와 '끌다'를 뜻하는 일본어 '히네루(ひねる)'와 '히꾸(ひく)'가 본래의 어법에도 맞지 않게 제멋대로 쓰이거나 우리말에서의 음운변화가 적용되어 '시네루, 히끼' 등으로 쓰이니 일본어를 아는 이들에게는 부끄러움의 대상이기도 했습니다. 심지어 영어 '플루크'는 '뽀록' 혹은 '뽀록꾸'까지 변화를 거듭했으니 참으로 가관이었습니다.

그런데 이런 시선과는 별개로 당구장에서의 용어가 일상적인 용법으로 널리 퍼지기도 했습니다. '견제'를 뜻하는 '겐세이'는 본래의 뜻 외에 '방해하다' '끼어들다'의 뜻으로 당구장 밖에서도 사용되기 시작했죠. 급기야는 일본어 잔재 청산에 앞장서야 할 것 같은 교육자 출신의 국회의원이 공식 석상에서 '겐세이 놓다'라는 표현을 써서 뭇매를 맞았습니다. 이 밖에도 정체불명의 당구 용어에서 유래한 '쫑 나다'나 '삑사리', 그리고 '플루크'에서 유래한 듯 보이는 '뽀록나다'도 쓰이니 당구 용어에 대한 견제가 필요해 보였죠.

쫑 나지 않는 '쫑'과 '삑사리'의 출세

> 당구장 용어라 천대받던 '쫑'과 '삑사리'는
> 어느 순간부터 우리의 일상어로 자리 잡아

당구 용어가 외국어나 외래어 일색은 아니어서 '토종'이나 '국산'으로 보이는 용어도 있습니다. 의도하지 않은 공끼리 부딪치는 상황은 끊임없이 나타나는데 이를 가리키는 말인 '키스'는 일찌감치 '쫑'으로 국산화되었습니다. 아무래도 소리와 밀접한 관련이 있어 보이는데 무슨 이유에선지 당구장 밖에서도 사용되기 시작했죠. '일정이 쫑나다'와 같은 본래 의미를 넘어 '인생이 쫑나다'와 같은 확장 의미로도 쓰이게 됐습니다.

공이 빗맞아 듣기 싫은 소리가 나는 '삑사리'는 더 극적이죠. 공이 빗맞을 때 이 소리가 나니 이 용어는 틀림없이 당구 용어로 보이는데 어느 순간 노래나 말소리에도 쓰이기 시작했습니다. 노래를 부를 때의 음 이탈이나 말할 때 성대의 오작동에 의한 높고 거슬리는 소리가 당구에서의 그 소리와 비슷하니 어쩌면 자연스러운 과정이기도 했습니다. 그런데 일이 계획대로 되지 않는 것이나 음 이탈이 일어나는 것과 별반 다르지 않으니 이 상황도 '삑사리 나다'라고 표현하게 된 것이죠.

삑사리는 한국이 낳은 세계적인 명장 봉준호 감독의 입과 프랑스의 세계적인 영화 잡지를 거치면서 '예술 용어'로 자리를 잡았습니다. 봉준호 감독이 영화 「괴물」 관련 인터뷰에서 화염병 투척 장면에서 의도하지 않은 실수가 난 것에 대해 "화염병을 던졌는데 삑사리가 나서"라고 표현했습니다. 이 말에 사용된 '삑사리'에 감독이 특별한 의미를 부여하지는 않은 듯한데 잡지《카이에 뒤 시네마》에서 기사 제목을 '삑사리의 예술'을 뜻하는 'L'art du Piksari'라고 뽑아 '삑사리'를 벼락출세시켰죠.

천덕꾸러기 당구 용어에 불과해 보이는 '쫑'과 '삑사리'의 사례는 말에 대한 새로운 관점의 필요성을 제기합니다. 정체모를 당구 용어, 많은 이들이 꺼리는 된소리로 된 단어, 동네 건달들의 노름 용어는 그에 대한 비난과 견제를 아랑곳하지 않았습니다. 일상에서 마주치는 상황에 꼭 맞는 새로운 표현의 필요성에 따라 그 영역이 확장되었죠. 나아가 어찌 보면 거장의 입에는 어울리지 않는 '비루하고 속된' 표현일 수도 있는데 우연한 계기로 새로운 의미와 가치를 받게 됩니다. 이렇듯 말은 단순한 순화나 통제 이상의 대상이죠.

'쫑'과 '키스'의 싸움, 그리고 '충돌지리'

> 말소리만으로 직관적 의미 전달,
> 쫑·뻭사리도 금지할 이유가 없다

당구가 건전 스포츠로 새롭게 변모하면서 그동안 줄기차게 진행되어 온 '용어 순화'는 꽤 성공한 것으로 보입니다. 일본어의 잔재였던 '우라, 오마, 하꾸'와 그 변이형은 각각 '뒤돌리기, 앞돌리기, 옆돌리기'를 거쳐 그것의 준말인 '뒤돌, 앞돌, 옆돌'로까지 자리를 잡았습니다. 최근에 당구를 접한 이들은 '시네루'나 '히끼' 대신 '회전'이나 '끌어치기'를 씁니다. 이 밖에도 수없이 많은 일본어식 표현이 '순화' 내지는 대치되었죠.

그런데 이는 억지로 이루어진 '순화'가 아닌 자연스러운 '변화'에 가깝습니다. 일본어에 익숙한 세대는 자연스럽게 일본어를 씁니다. 그런데 그 세대가 물러난 뒤 일본어를 모르는 이들은 자신들이 이해할 수 있는 우리말을 쓰려고 노력합니다. 그리고 이 세대들은 영어에 더 익숙하니 영어 표현도 자연스럽게 받아들입니다. 그 결과 '무시로 다대'를 치던 이들의 말을 '노 잉글리시로 세워치기'로 바꾸게 됩니다. 이들이 일본어를 안 쓰게 된 것은 일본어를 모르기 때문이지 일본어가 나쁘거나 쓰지 말아야 한다는 생각 때문은 아닙니다.

일본어가 고유어나 영어로 대체되는 과정에서 '쫑'과 '삑사리' 등에 대해서는 묘한 싸움이 일어나기도 합니다. '쫑'과 '삑사리'는 나쁜 말이니 순화의 대상인가요? 많은 이들이 그리 믿고 있는데 왜 나쁜 말이냐고 물으면 대답하지 못합니다. 외국어나 외래어가 아니고 일본어는 더더욱 아니니 청산의 대상은 아닙니다. 된소리가 포함된 '꽃'과 '뿌리'가 나쁜 말이 아니니 된소리를 시빗거리로 할 수도 없습니다. 남은 문제는 출처가 불분명하다는 것인데 생각해 보면 '나무'나 '하늘'을 비롯한 모든 말은 본래 출처가 불분명하죠.

새로운 당구 단체가 만들어지고 방송으로 중계되는 일이 많아지면서 당구 용어 순화에 대한 '집착'은 여전히 지속돼 '쫑'과 '삑사리'에 대한 순화를 시도했습니다. 이 두 단어는 방송에서는 쓰면 안 된다는 생각이 들어서인지 각각 '키스'와 '큐 미스(cue miss)'로 표현되고 있었죠. 그런데 키스는 왠지 야하다는 생각이 들어서인지, 그렇다고 고유어지만 아이들이 쓰는 '뽀뽀'로는 안 되겠다는 판단에서인지 지극히 점잖아 보이는 단어인 '충돌'이 어부지리로 쓰이고 있습니다. 그리고 삑사리는 여전히 갈 길을 못 찾고 있습니다.

이 시점에서 쫑과 삑사리에 대해서 다시 생각해 볼 필요가 있습니다. 쫑과 삑사리를 쓰면 안 될 이유는 전혀 없습니다. 말소리만으로도 느낌이 딱 오니 이보다 더 직관적인 단어도 없습니다. 쫑은 일상에서도 널리 쓰이고 있으니 이미 '사용 승인'이 난 단어이고 삑사리는 외국의 저명 잡지가 영화 기법으로 인정해 주었으니 '국제 특허'를 받은 단어이기도 합니다. '충돌'은 누구나 이해할 수 있으나 '충돌'의 일상적 용법과 충돌되니 쓸 만한 대체재는 아닙니다. 게다가 '큐 미스'는 원산지만 다를 뿐 순화해야 할 외국어 아닌가요?

접두사 'K'의 끝오름

> 이 땅에서 세계 최초로 프로 당구 출범,
> 태권도가 그랬듯이 'K-당구 용어'가 공용어가 될 수도

이 모든 것이 피해의식 혹은 자기방어나 비하의 결과가 아닌지 되돌아볼 필요가 있습니다. 해방 이후 일제 강점 기간 35년의 두 배가 넘는 세월이 흘렀습니다. 젊은 세대는 일본에 대한 원초적인 적개심이나 일본산에 대한 무한한 동경 대신 이웃으로서 경쟁하고 협력할 방안을 모색할 때이기도 합니다. 영어에 익숙하고 세계에 대해 열린 마음을 가진 이들은 '우리 것'만

좋은 것이고 '남의 것'은 무조건 나쁜 것이라고 생각하지도 않습니다. '국내산'이 '외국산'보다 질이 떨어진다거나 국내산을 쓰는 것을 부끄럽다고 생각할 이유는 없습니다.

최근에 우리나라가 프로 당구의 시발점이 되면서 당구 용어에서도 새로운 변화가 나타나고 있습니다. 과거에는 '쪼당'으로, 최근에는 '플러스 투'로 표현되던 것이 '끝오름'으로 대체된 것은 새로운 길을 제시합니다. 힘 있게 친 공이 회전의 반대 방향으로 긴 쿠션과 짧은 쿠션을 차례로 맞고 다시 긴 쿠션 쪽으로 올라가는 것을 이리 표현했는데 두 표현 모두 귀에 잘 안 들어옵니다. 그런데 이를 대체하기 위해 제안된 '끝오름'은 상황에도 딱 맞고 뜻도 잘 이해됩니다. 나쁜 것, 그래서 고칠 것이 있다면 이리 해야 합니다.

당구계의 'K 열풍'도 주목할 만하죠. 두 명씩 편을 갈라 치되 한 이닝에서도 한 사람씩 차례로 치는 복식 경기를 영어로는 스카치 방식이라 부릅니다. 이와 달리 우리는 한 사람이 한 이닝을 책임지며 경기를 했는데 과거에는 이를 '겜뻬이'라고 표현했죠. 그런데 우리 문화에 대한 자부심의 표현인 접두사 'K'가 여기에도 적용돼 이를 '케이 더블(K double)'이라 부릅니다. 국내 리그에서 뛰는 외국 선수들도 자신들이 익숙하던 용어 대신 '뒤돌, 앞돌, 옆돌'이란 용어를 자연스럽게 씁니다. 자부심에 발을 딛고 세계와 당당히 승부하면 이런 결과가 됩니다. 담배 연기에 가려진 당구 용어도, 자기비하에 억눌린 우리말도 'K 열풍'에 편승해 끝오름을 해야 할 때입니다.

「부산갈매기」와 「돌아와요 부산항에」가 늘 울려 퍼지는 부산 사직야구장, 그러나 1992년에 이루었던 갈매기의 꿈은 33년째 돌아오지 않고 있습니다.

[04]

부산 사직야구장에 가다

사라진 "아 주라" 구호,
미래 세대의 말을 향한 기대와 애정이 되길

> 부산 갈매기가 그리워 돌아간 부산 야구장,
> 투박한 경상도 사투리와 따스한 마음이 뒤엉킨다.

부산에 가면 다시 너를 볼 수 있을까? 힘찬 함성 내뿜으며 내 마음을 울렸던 그 사직야구장은 참 조금도 안 변했군요. 최백호의 「부산에 가면」을 떠올리며 부산에 갔습니다. 해운대와 광안리 바닷가, 국제시장과 범일동의 재봉틀 거리, 밀면과 돼지국밥, 그리고 30년 만에 다시 만나는 대학 친구 등 부산에 갈 이유는 많았지만 가장 중요한 목적은 사직야구장이죠. 지금은 볼 수 없는 '봉다리 응원'과 때가 되면 울려 퍼지는 「부산 갈매기」와 「돌아와요 부산항에」, 그리고 시시때때로 울려 퍼지는 "마!"와 "아 주라!" 소리의 추억을 되살리기 위해서입니다.

야구는 좋아하되 야구를 보지 않게 된 결정적 이유는 마리

화나, 아니 '마리한화'를 끊었기 때문입니다. 선수들의 플레이와 팽팽하게 진행되는 경기 자체의 매력을 즐겨야 한다지만 승부를 봐야 하는 것이 운동경기입니다. 크게 이기고 있다가도 순식간에 뒤집어지는, 한번 지기 시작하면 끝을 모르고 이어지는 패배를, 감독과 선수를 수없이 바꾸었지만 백약이 무효인 것을 보며 "뭐여~~~~"가 반복되다 결국 보지 않는 쪽을 택했습니다. 그러나 부산은 다릅니다. 1992년 이후 33년째 우승을 못했지만, '꼴데'라고 놀림을 당하긴 하지만, 부산의 야구 사랑은 진심이죠. 억센 부산 사투리에 실리는 응원의 말 또한 진심입니다.

부산 사투리의 날카로운 추억

> 19개의 자음으로 이루어진 국어,
> 유독 이 지역엔 'ㅆ' 하나가 없고, '으·어' 구분도 안 돼

"식사하셨는교?" 자갈치시장 초입의 포장마차 앞에서 낯익은 얼굴이 묻습니다. 알지는 못하지만 어디서 많이 본 듯한 50대 남자의 정감 있는 물음 때문에 낯익게 느껴졌을 뿐입니다. 생뚱맞은 질문에 답을 못 하고 우물쭈물하자 "살펴 가이소, 저녁도 잘 챙겨 드이소"라고 하며 바로 다음 목표물을 찾습니다. 포장마차의 호객꾼이지만 정감이 넘칩니다. "니 멫 살이고?" 아버지 손을 잡고 전철을 탄 유치원 사내아이를 무릎에 앉히

며 묻습니다. "아빠 닮아가 이리 잘생깄나 보네." 수줍은 아이가 대답은 않고 아빠 눈치만 보자 평범한 외모의 아빠마저 장동건급으로 만듭니다. 모두가 정답습니다.

그러나 부산 사투리에 대한 추억은 날카롭기만 하죠. 일곱 살에 고향 충청도를 떠나 부산에서 삼 년 살다 찾아온 친구의 입에서 나온 "낸 부산 사람인기라"라는 말에 놀랐었습니다. 유난히 부산 출신이 많았던 대학 시절, '쌀'과 '살'을 구별하지 못하는 친구, 김광석의 「거리에서」를 불러주겠다면서 "그리에 가로덩불이……"로 시작하는 선배, 국어학 전공으로 박사학위를 받고 국문과 교수로 재직하면서도 '관세청'을 무심결에 '간세층'으로 쓰는 후배 때문이었죠. 한반도 모든 지역의 말에서 자음이 19개인데 유독 이 지역만 'ㅆ'이 하나 없습니다. '에/애'는 고사하고 '으/어'도 구별하지 못하니 모음의 숫자는 턱없이 부족하고 '관광'을 '간강'이라고 발음하는 것은 그렇다 쳐도 '와이에스(YS)'마저 '아이에스'라 발음하는 대통령의 정치적 고향의 말이 기억 속에 날카롭게 새겨졌습니다.

영화 「친구」는 부산말에 대한 인식을 결정적으로 바꾸어 놓았습니다. 힘센 정치인, 성공한 사업가 역할이지만 조연에 불과하던 이들의 부산말은 영화나 드라마에 나오는 그저 그런 사투리 중 하나였죠. 그러나 잘생긴 데다 의리로 똘똘 뭉친 멋진 청년들뿐만 아니라 등장하는 모든 인물이 부산말을 여과 없이 뿜어내는 영화의 인상은 무척이나 강렬했습니다. 이 땅의 모든 말이 '틀린 말'이 아닌 조금씩 '다른 말'임을 알아가기 시작한 시기와 맞물리기도 했죠. 거부감과 편견을 걷어내면 친근함이 넘치는 말입니다. 멋진 사내가 하면 힘이 있고 귀여운 여자아이가 하면 한없이 귀엽게 느껴지는 말입니다.

모음의 숫자가 부족한 것은 성조로 채웁니다. '2의 e제곱'과 'e의 2제곱'이 발음은 같더라도 높낮이로 구별되니 표준어에는 없는 장점입니다. 높고, 낮고, 올라가는 세 개의 성조로 모음을 구별하면 모음이 세 배로 늘어나는 효과가 있습니다. 방송과 교육을 통해, 그리고 다른 지역 사람들과의 교류를 통해 일찍부터 'ㅅ'과 'ㅆ'의 발음을 배우고 '으/어'의 구별을 배우니 놀림감이 될 이유도 없습니다. 나아가 '아이에스' 대통령을 접한 이후의 세대는 '관광'도 제대로 발음합니다. 이쯤 되면 '놀림'이 될 만한 요소는 모두 사라졌으니 '멋짐'과 '잘남'만 남습니다. 물론 그렇게 듣고자 하는 열린 마음이 있어야 합니다.

마! 마! 마!

"마, 마, 마"는 "야 인마, 안 돼, 확"
거부감·편견 걷어내면 되레 친근

야구하기 딱 좋은 날입니다. '부산 갈매기'의 상대 팀은 인천의 '연안부두' 팀입니다. 흥행을 위해 가져다 붙였겠지만 일명 '항구 시리즈'입니다. 항구 도시답게 도시의 특성을 잘 드러내는 노래가 있으니 응원가의 맞대결도 볼만하죠. 고향 팀 응원을 포기했으니 사는 곳의 팀이라도 응원해야겠지만 오늘은 그래도 갈매기 팀 쪽에 있어야 할 듯합니다. 초반부터 난타전입니다. 시작하자마자 2점을 빼앗겼지만 바로 4점을 내고 그다음 회에 1점을 빼앗겼지만 다시 4점을 달아났습니다. 6회가 끝나니 10-7로 3점을 앞서고 있으나 늘 그렇듯이 '야구 몰라요'입니다.

"마! 마! 마!" 갈매기의 공격 상황, 타자가 1루에 나가자 발 빠른 주자의 도루를 막기 위한 투수의 견제구 때문에 경기가 조금 늘어집니다. 그때 응원단장의 신호에 따라 울려 퍼지는 소리입니다. 저건 틀림없이 '야 인마!' 하는 욕이죠. "니 그라문 안 데"란 말이 나오거나 손바닥으로 따귀를 날릴 동작을 하며 '확'이란 말이 뒤따를 듯한 그런 욕입니다. 견제구를 견제하고자 하는 구호는 구단마다 하나씩 갖춰놓고 있습니다. 서울의 세 구단은 '떽' '야' '뭐야'를 쓰고 인천의 구단은 '쩔어'를 씁니다. 수원의 '왓', 대전의 '뭐여', 대구의 '뭐꼬', 광주의 '아야', 창원의 '쫌'도 같은 용도로 상대에 대한 견제와 자신의 팀에 대한 응원을 겸하고 있습니다.

이런 구호는 각 지역의 말과 정서를 꽤 잘 반영하고 있습니다. '아야'는 하대할 만한 대상에 대한 시비와 책망을 담은 말로 '날 새겄다'와 짝을 이룹니다. '떽' '야'에서는 아이들을 몰아세우며 야단치는 소리가 들리고, '쫌'은 짜증 섞인 억양 때문에 "그러지 마!"란 말이 절로 들립니다. '뭐여' '뭐꼬' '뭐야' '왓'은 물음표로 불만을 표시합니다. '쩔어'는 구호에 대한 고민이 느껴지지만 '그러면 안 되지'와 호응이 좀 애매하죠. 각각의 말이 선명한 구호와 사투리의 특성을 잘 드러내고 있지만 개선도 필요해 보입니다. 대전의 '뭐여'는 지금보다 훨씬 더 늘어지게 해야 상대방의 짜증을 유도해 낼 수 있고 인천의 '쩔어'는 진짜로 쩔기 전에 다른 구호가 필요할 듯하죠.

프로 스포츠에서 특정 지역을 연고로 정하는 것은 흥행을 위한 일반화된 전략이죠. 프로야구 또한 출범 때부터 지역 연고제가 뿌리를 내려 큰 성공을 거둬 왔습니다. 그러나 지역 연고제가 지역감정과 엉켜 때로는 갈등을 유발하기도 합니다. 심지어 정치권에서는 이러한 지역감정을 부추기며 자신들의 이익을 추구하기도 합니다. 따라서 이 구호는 투수를 견제하기 위한 말이 아닌 이런 세력들을 견제하기 위한 말이 될 필요도 있습니다. 때로는 '뭐여' '뭐꼬' '뭐야'를 외치며 그들의 행태에 의문을 품고, '마' '쫌' '야' '아야'로 화를 내야 합니다.

'아 주라!'와 미래의 말

> '아 주라!'는 미래의 야구 팬을 위한 것,
> 미래 세대에 대한 배려는 늘 필요하다.

22개의 안타를 주고받았지만 아쉽게도 홈런은 없었습니다. 홈런이 없으니 홈런이 나올 때마다 장난스레 울려 퍼졌던 "아 주라!"란 소리도 없습니다. '아'는 '아이'의 부산말이니 '아 주라'

는 '아이한테 줘라'라는 말입니다. 홈런 볼을 어른이 주우면 욕심을 내서 챙기기보다는 아이한테 추억을 선물하라는 의미이죠. 과거의 사직야구장, 그리고 다른 지역에서 펼쳐지는 갈매기 팀의 경기가 있을 때면 늘 들을 수 있었던 말입니다. 그러나 본래의 의도와 달리 악용되는 사례가 늘면서 사라진 문화가 되어버려 아쉽습니다.

비록 '아 주라' 문화는 사라졌지만 이 구호가 지향하던 바는 기억하고 구현할 방법을 찾아볼 필요는 있습니다. '아 주라'는 프로야구의 미래에 대한 구호이자 미래 세대에 대한 애정을 담은 구호였죠. 새로운 팬의 유입이 없는 한 프로야구는 정체될 수밖에 없으니 어린 관람객에게 추억을 심어주어 야구장을 다시 찾게 하는 것은 필수입니다. 꼭 야구가 아니더라도 어린 세대가 무엇에든 흥미를 가지고 미래의 주역이 될 수 있게 하는 것도 매우 중요하죠. 이는 야구 문화나 용어 모든 면에서도 마찬가지입니다.

담장을 넘어가는 공을 '호무랑'으로 알고 있던 세대의 뒤를 '홈런'이라 말하는 세대가 이었습니다. '랑데부 홈런'과 '그라운드 홈린'은 '본토 야구'를 '원어' 중계로 본 세대에 의해 '백투백 홈런(Back to Back Home run)'과 '인사이드 더 파크 홈런(Inside the Park Home run)'으로 대체되고 있습니다. '포볼'과 '데드볼'도 '베이스 온 볼스(Base on Balls)'와 '히트 바이 피치(Hit by Pitch)'로 바뀌고 있습니다. 일본을 통해 들어온 엉터리 영어는 아주 많이 사라졌죠. 외래어나 외국어 대신 고유어를 사용하고자 하는 노력의 결과인 '볼넷'과 '몸에 맞는 공'도 점차 밀려나는 추세입니다.

야구장에서의 이런 용어 변화를 두고 저마다, 특히 세대마다 할 말이 많습니다. 일제의 잔재를 청산해야 한다고 믿는 이, 본토의 용어와 발음에 충실해야 한다고 믿는 이, 우리말을 최대한 살려 써야 한다고 믿는 이들이 저마다의 주장을 펼치고 있습니다. 일본어를 밀어낸 자리에 영어가 들어오는 것이 무슨 의미가 있을까요? 우리말을 쓰는 것은 좋지만 억지스럽거나 너무 길게 느껴지는 걸 굳이 써야 할까요? 그 결과 '볼넷'과 같은 고약한 혼종이 나타나는 것은 긍정적일까요? 이런 주장은 엄격한 기준으로 보면 모두가 틀린 것이고, 관대한 기준으로 보면 모두가 맞는 것이죠.

이 문제는 결국 '아 주라'의 감성으로 해결해야 합니다. 지금의 언어는 과거의 연장이고 미래의 언어는 현재의 노력에 따른 결과이죠. 이런 연장선에서 변화는 늘 다음 세대에 의해 결정되어 왔습니다. '호무랑'을 '홈런'이라고 고친 것은 결과적으로 옳은 방향이었죠. 그 세대에게 '데드볼'과 '포볼'은 익숙할지 모르지만 새로운 세대의 기준으로는 옳지 않습니다. 그리고 머지않아 이 세대가 주류 세대가 되고 자연스럽게 '히트 바이 피치'와 '베이스 온 볼스'가 대세가 됩니다.

그러니 앞선 세대는 다음 세대의 말을 배우면 되죠. 다음 세대는 앞선 세대의 말을 들을 줄 알면 됩니다. 서로가 듣되 옳고 그름의 문제가 아니라 다름의 문제라고만 이해하면 됩니다.

그리고 그 흐름에 자연스럽게 몸을 맡기면 됩니다. "아 주라, 미래의 말에 대한 결정권을!" 여기에서 그치면 안 되죠. "배워라, 그 아들의 말을!" 그래야 야구든 뭐든 함께 즐길 수 있습니다.

온갖 물고기와 해산물이 넘쳐나는 부산 자갈치시장, 막상 가보면 이런 먹을거리보다 귀를 즐겁게 해주는 푸근한 사투리가 더 반갑습니다.

종합병원, 병을 치료해 줄 약과 시술, 그리고 따뜻한 말 한 마디의 위로를 기대하며 찾습니다.

[05]

종합병원에 가다

아픈 환자에게 필요한 건 약뿐 아니라 따뜻한 '소통의 말'

> 몸이 아프면 찾는 병원,
> 아프고 슬픈 말이 많지만 따뜻함은 넘쳐나

 검사와 의사는 싫습니다. 많은 이들이 선망하는 직업이기는 하나 죄를 지으면 만나는 이, 병에 걸리면 만나는 이니 좋을 수가 없네요. 그래도 검사는 일생 동안 만나지 않는 것이 좋지만 의사는 피하기가 쉽지 않거나 오히려 자주 만나는 것이 좋습니다. 병원의 분만실에서 생을 시작하고 영아실에서 생을 마감하는 이들이 많으니 그렇습니다. 중병에 걸리기 전에 병을 예방하기 위해서, 병에 걸리지 않았더라도 건강한 삶을 영위하기 위해서 자주 만날 수 있다면 그것도 축복이죠. 그러니 의사는 좋아해야 합니다.
 많은 의사들이 모여 있는 곳, 진단과 치료를 위한 수많은 장비와 시설을 갖춘 곳, 그곳을 우리는 종합병원이라 부릅니다. 동네 의원에서 '큰 병원'을 권하면 무섭지만, 온갖 병을 달고 사는 이에게 붙여진 '걸어 다니는 종합병원'이란 별명은 슬프지만, 우리 곁에 종합병원이 있는 것은 감사해야 할 일이기도 합니다. 이곳을 찾는 환자와 이곳을 지키는 의사 또한 사람이니 그들 사이에 수많은 말과 글이 오갑니다. 아프고 슬픈 말이 많지만 그 속에서도 따뜻함은 넘쳐납니다.

병, 아프고 슬프고 나쁜 그것

> 병의 이름은 대부분 한자어,
> 한자가 들어오고 나서 의학이 체계화되었다는 증거

한자 '病'은 음과 훈이 모두 '병'입니다. 한자의 음과 훈이 같다는 것은 이 한자에 해당하는 고유어가 없다는 것이죠. 그런데 과연 고유어가 없었을까요? 인간의 감정, 느낌, 상태는 '기쁨' '슬픔' '아픔' '배고픔' 등으로 표현되는데 어찌 된 일인지 두 번째 음절이 닮았습니다. 그도 그럴 것이 각각 동사 '깄다' '슳다' '앓다' '곯다'에 'ㅂ/브'가 붙어 형용사가 된 후 다시 명사가 된 단어들이기 때문입니다. '아픔'은 동사 '앓다'에서 파생된 것이니 이 '앓다'의 목적어에 해당하는 무엇인가가 있을 법도 한데 흔적이 없습니다.

아픈 것의 종류, 즉 병의 이름도 고유어가 없거나 드뭅니다.

가장 흔한 병인 감기는 '고뿔'이라는 고유어 병명이 있지만 다른 병은 그저 '배앓이' '속앓이' '가슴앓이'와 같이 '앓다'에 부위를 가리키는 말을 붙여 씁니다. 아픈 것에 이름을 붙인다는 것은 그 병을 진단할 수 있다는 것, 진단이 가능해 치료하려 노력한다는 것이니 의학이 어느 정도 발달한 후에나 가능하죠. 의학이 어느 정도 체계를 갖춘 것은 한자가 들어와 널리 쓰이던 시기고, 의학서 역시 한문으로 되어 있으니 고유어 병명이 없는 것은 당연할 수도 있습니다.

 아픈 데가 가지가지니 종합병원은 아픈 종류에 따라 온갖 진료 과목을 갖추고 있는데 환자 처지에서는 어렵기만 하죠. 자주 찾는 동네 의원은 기본적으로 내과와 외과 정도의 구분만 있는데 종합병원은 진료 과목이 수없이 쪼개져 있습니다. 그러니 배가 아픈 환자, 머리가 아픈 환자, 다리가 아픈 환자가 가야 할 데를 알기가 쉽지 않습니다. 게다가 과목의 이름은 대부분 어려운 한자어 일색이니 글자는 알아도 그 속내를 파악하기가 어렵습니다. 병명은 또 어떤가요? '조울증'과 '조현병'은 모두 '조' 자 돌림인데 같은 한자인지 아닌지 알 수 없습니다.

 의학이나 법학 등의 어려운 전문 용어를 보통 사람도 이해할 수 있는 쉬운 말로 바꾸어야 한다는 주장은 늘 있었습니다. 지극히 전문적인 분야여서 의사나 율사들은 수련 과정부터 이 전문 용어에 익숙해져 있으니 바꿀 마음이 별로 없죠. 알아듣기 쉬운 말로 바꾼다고 해서 '뇌전증'을 '간질'로, 더 나아가 '지랄병'으로 표현한다고 좋은 것도 아닙니다. 결국 전문가들끼리는 전문 용어를 쓰더라도 그들이 대하는 환자, 즉 보통 사람들을 위해 쉽게 풀어 설명하려 노력하는 것은 의사들의 몫입니다.

'아버님 환자분'의 슬픔, '아가씨'의 지혜

> 병원에서의 어색한 호칭과 표현,
> 아픈 이를 최대한 배려한 표현으로 이해해야

지하철 입구에서 오른쪽 아랫배를 감싸고 주저앉았습니다. 온몸을 휘젓는 지독한 통증, 보통의 배앓이와는 다릅니다. 버텨봤자 소용없는 소위 '맹장'이니 제 발로 걸어갈 수 있을 때 병원을 찾는 것이 상책이죠. 상황이 급하니 응급실로 직행해 환자복으로 갈아입고 수액주사로 결박을 당합니다. 이때부터는 영락없는 환자인데 눈은 온갖 글귀에, 귀는 들려오는 모든 말소리에 쏠립니다.

"환자분, 어디가 어떻게 아프세요?" 응급실의 막내로 보이는 의사가 와서 묻습니다. '환자' 처지에서는 새파랗게 젊더라도 지엄한 '의사 선생님'의 말씀이니 고분고분 들어야 하는데 '환자분'이란 말이 몹시 귀에 거슬립니다. "그래, 아파서 왔으니 나는 환자다. 그런데 그렇게 콕 짚어 아픈 사람이라 불러야겠냐? '환자'에 '분'을 붙이는 게 적절하냐"라는 말이 나오는 걸 억누르고 겨우겨우 대답합니다.

"아버님, 검사 전에 주사 맞으실게요." 그런데 고참급으로 보이는 간호사의 이 말은 도저히 못 참겠어요. 그러나 "내가 당신 또래의 딸을 두려면 초등학교 졸업하자마자 결혼을 했어야 하는데 내가 그렇게 늙어 보여? '주사 맞으실게요'는 또 뭔가요. '주사 놓아드릴게요'라고 해야지"란 말도 속으로 삼킵니다. 몸가짐은 한없이 조심스럽고 말투는 상냥하기 그지없는 간호사에게 마음속으로나마 역정을 낸 게 미안스럽습니다.

"어이, 의사 양반, 나 언제 밥 먹게 해줄 거야?" "아가씨, 환자복 좀 갖다줘. 갈아입게." 수술 후 입원실로 옮겨진 뒤 통쾌한 복수가 이루어집니다. 옆 병상의 아흔두 살 어르신이 '새파란 젊은이'와 '나이 든 딸'에게 대신 복수를 해주십니다. 그런데 '의사 양반'과 '아가씨'의 그 반응이 재미있습니다.

"김○○ 님, 오늘 오후 1시에 CT 촬영이시네요. 점심 나온 거 보관하라고 부탁해 놓을 테니 검사 끝나고 바로 드세요." "할아버님, 물 마시다 환자복에 또 흘리셨어? 물 마실 때 나 부르시라 했지? 담엔 꼭 나 부르셔." 아무리 나이가 많더라도 환자가 '의사 선생님'에게 반말을 쓰는 것이 거슬릴 수도 있을 텐데 이 '젊은 양반'은 부드럽게 받아넘깁니다. 요즘은 웬만해서는 듣기 어려운 '아가씨'로 불렸지만 상냥한 '아가씨'는 손녀가 할아버지에게 말하듯 치매기가 약간 있는 할아버지를 능숙하게 대합니다.

이곳에서는 병과의 사투뿐만 아니라 말과의 싸움도 함께

이루어집니다. 무엇으로 불리고 싶은지 스스로 대답할 수 없다면 '환자분'이나 '아버님'으로 불렸다고 화낼 일은 아닙니다. 50대 중반의 남자 환자를 부를 어떤 호칭도 정해진 바가 없습니다. 이들이 찾은 '환자분'이나 '아버님'을 대체할 수 있는 것은 '김○○ 님' 정도인데 이 호칭에 대한 임상실험이 이루어지고 있는 것입니다.

정체 모를 '게요체'와 끝을 살짝 올리는 억양의 반말체도 시빗거리가 아닌, 관찰 혹은 격려의 대상일 수도 있습니다. 어법을 따지지 않고 들으면 게요체는 명령조가 아니고 함께하는 것이라는 인상을 주어서 좋죠. 반말도 가끔 끼어들고 끝을 살짝 올리며 '요'로 끝내는 말투는 젊은 간호사들 사이에서 시작되어 또래의 여자 의사들로 확대되더니 어느 순간 젊은 남자 의사들도 따라 하고 있습니다. 확산되는 모든 것은 이유가 있는 법, 친절한 말투의 신약 또한 지켜볼 일이죠. 어쩌면 이 '젊은 그들'의 시도가 우리 모두가 따라야 할 정겹고 친절한 말투가 될 수도 있습니다.

'지에스'와 '노가다'의 전문 용어는 무죄

> 최고의 전문가인 의사들은 전문 지식을 잘 풀어 이해하기 쉽게 전달할 능력도 갖추어야 한다

메스, 석션, 블리딩, 헤모스탯……. 전신 마취된 환자가 수술

실에서 오가는 말을 들을 수는 없으니 의학 드라마를 통해 간접적으로 엿본 의학 전문 용어는 이 정도면 약과입니다. 우리말로 하는 드라마인데 온갖 의학 전문 용어가 난무하니 자막 없이는 그 말을 알아들을 수 없습니다. 그런데 이래야 의학 드라마답고 이래야 의사답게 느껴집니다. 조사와 어미만 빼고 모두 외국어인데 이를 탓하는 이는 없습니다.

이런 현실을 두고 공사판에서 '노가다 말투'를 쓰는 이들이나 패션이나 미용 업계에서 '보그체'를 쓰는 이들은 억울할 수도 있습니다. 공사판에서 '공구리'를 치는 이들이 쓰는 말투는 일제 잔재라고 늘 욕을 먹습니다. 옷, 장신구, 화장품 분야의 전문가들이 쓰는 휘황찬란한 수사는 국적 불명의 천박한 외국어 투라고 비난의 대상이 됩니다. 전자는 일본어의 잔재로, 후자는 말도 안 되는 '짬뽕 외국어'로 취급되지만 의사들이 그런 비난을 받는 경우는 드물죠.

전문가가 된다는 것은 그 분야의 이론과 기술을 몸으로 익히는 동시에 그 분야의 말을 이해하고 소통할 수 있게 된다는 것입니다. 각각의 분야는 역사와 전통에 따라 쓰는 용어의 뿌리가 다르기도 하고 용법이 다르기도 합니다. 따라서 전문 분야의 말은 그 분야의 특성에 따라 이해하고 인정하는 것이 필요하죠. 환자의 생명이 오고 가는 현장에서 정확한 의사소통은 필수이니 그들끼리 정확하게 소통할 수 있는 말에 대한 선택은 그들의 몫입니다.

수술실은 공사판에 비유됩니다. 이 생명이 걸린 치열한 공사판에는 일반외과의를 뜻하는 '지에스(General Surgeon)'를 비롯한 최고의 전문가들이 있습니다. 전문가는 전문적인 말을 쓰는 법이니 다른 전문가들도 이들처럼 대우하면 됩니다. 공사판을 지키는 건설 전문가, 패션과 미용업계를 지키는 전문가 모두가 같은 대접을 받으면 되죠. 물론 이들이 일상에서 다른 사람들과 만날 때는 보통 사람들의 말을 쓰면 되고 실제로 그리하고 있습니다.

약 주고 말 주고

> 병에 잘 듣는 약 주고 마음에 와닿는 '말' 줘야
> 진정한 의미의 종합병원

"환자분은 헤파타이티스 B 캐리어이신데 다행스럽게도 아직은 발병하지 않아 애큐트하거나 크로닉한 증세는 없네요. 약은 안 드셔도 되겠어요." B형 간염 보균자여서 6개월마다 한 번씩 검진을 받는 선배가 이 말을 전하며 분노를 표합니다. 20년째 만나고 있는 사이고 20년간 한 번도 증세가 없었으니 관리를 위해 검사를 받는 것을 알면서도 의사는 꼭 이렇게 말한다고 불만입니다. 의사의 말대로라면 이 선배는 반드시 발병할, 혹은 발병해야만 하는 환자입니다. "관리 잘하셨어요. 앞으로도 쭉 이렇게 하시면 돼요"라고 말하면 될 텐데 그 한끗 차이가 아쉽습니다.

종합병원은 병에 대한 진단, 치료, 수술, 그리고 예방을 위해 존재합니다. 이 과정에서 필수적인 것이 바로 약이지만 그것이 전부는 아닙니다. 때로는 '환자분'의 가슴앓이에 약보다는 말이 특효약이죠. 병원에서 '아버님' 혹은 '어머님'이라고 불리는 이들에게는 따뜻한 말 한마디가 더더욱 중요하죠. 최고의 전문가들이니 그 전문 지식을 잘 풀어 전달할 능력도 갖추어야 합니다. 그렇게 약 주고 말 줘야 진정한 의미의 종합병원입니다.

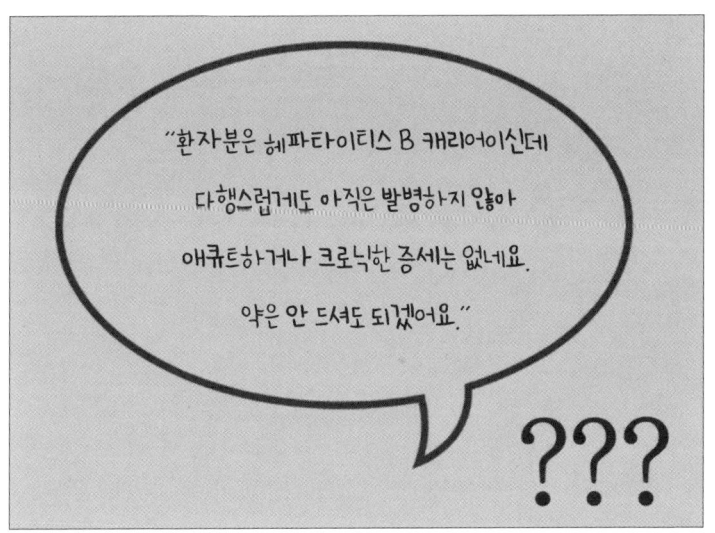

연주에 몰입한 연주자들, 저마다의 악기로 들려주는 이야기는 아름답지만 그 언어는 보통 사람이 이해하기 어려운 방언입니다.

[06]

음악회장에 가다

음표라는 작곡가의 말을
자신의 말로 표현하는 연주는 '첨언'이다

관현악단 '화담앙상블' 창단 공연,
연주자 눈짓 대화, 관객 몸짓 반응

음악은 언어입니다. 작곡가는 자신의 상상 속에 있는 이야기를 악보에 옮겨놓고 지휘자와 연주자들은 그것을 이해해 자신의 이야기로 다시 표현합니다. 음표는 물론 각종 악상기호로 구체화된 이야기를 알아보고 악기로 표현해 내니 그들 사이에서 음악은 언어입니다. 그러나 음악은 이들만의 특별한 방언일 뿐이죠. 소리와 의미가 직접적인 관련이 있는 진짜 언어만 아는 이들에게 음악, 특히 기악곡이 주류인 음악은 뜻을 알 수 없는 소리에 불과합니다. 가사가 직접 다가오는 '대중음악'과 '클래식'이 바로 이 지점에서 호불호가 갈리죠.

'화담(和談)'과 '앙상블(ensemble)', 앞의 말은 화해하는 말 또는 정답게 주고받는 말을 뜻하고 뒤의 말은 전체적인 어울림이나 통일에서 출발해 적은 인원으로 연주하는 합주단을 뜻합니다. 관악기와 현악기 연주자 9명으로 '화담앙상블'을 구성해 창단 연주를 한다는 소식이 들려옵니다. 어려워서 멀리한 음악과 화해할 수 있을, 나아가 그들의 언어로 정답게 이야기를 주고받을 기회이기도 합니다. 작곡을 전공하고 조금 다른 현업에 있는 이, 평생 말로 먹고살던 아나운서, 늦은 나이에 뮤지컬과 집필에 심취한 작가, 그리고 은퇴 후 영원한 '로망'이었던 첼로를 배우기 시작한 초보 연주자와 화담을 시도해 봅니다.

무언(無言), 말 없는 노래

> 공연장 안은 철저한 '무언'의 시간,
> 악기를 통해 쉼 없이 첨언 또 '첨언'

잠시 후 연주가 시작되니 잡담 그만하고 빨리 들어가라는, 들어가서는 휴대전화를 끄라는, 연주 중에는 사진도 찍지 말고 떠들지 말라는 꼬장꼬장한 안내가 들려옵니다. 객석의 불이 꺼지고 연주자들이 등장해 오보에 주자가 '라(A)' 음을 불면 이후로는 오로지 이 음에 맞지 않는 소리는 내지 못합니다. 철저한 무언의 시간이지만 또 다른 언어가 시작되는 시간이기도 하죠. 연주자들끼리는 눈짓으로 이야기를 나누고 관객들은 몸짓으로 화답합니다. 옆에 앉은 작곡 전공자는 동원할 수 있는 모든 무언의 언어로 곡과 연주를 설명하고 음악의 언어가 먼 방언인 이들은 눈짓으로 이해한 척합니다.

'무언가(無言歌, Lieder ohne Worte)'는 지독한 형용모순입니다. 멘델스존은 피아노 독주곡을 작곡한 후 왜 이런 제목을 붙였을까요? 피아노곡이니 가사가 없는 것은 당연하지만 가곡과 비슷한 선율이어서 그런 것일까요? 멘델스존의 의도 혹은 이 장르의 의미와 관계없이 모든 기악곡이 무언가입니다. 소리이되 말이 없으니 소리만 들어 느끼고 이해해야 합니다. 그런데 느낌과 이해는 말로 표현되어야만 소통이 가능하니 모순의 무한 루프에 빠질 수밖에 없습니다.

첫 연주곡은 베토벤의 WoO 8「오케스트라를 위한 12개의 독일 춤곡」인데 낯설고 재미없습니다. '무언가(LoW)'와 단어 구성이 비슷한 'WoO(Werke ohne Opuszahl)'는 작품 번호가 없는 곡이죠. 베토벤의 초기 작품으로서 잘 알려지지 않은 곡인데다 오케스트라 편성이 아닌 현악 네 명, 관악 다섯 명이 연주하니 더 낯섭니다. 이럴 때를 위해 연주자들은 '화담'을 준비해 놓았습니다. 저마다의 손에 들려 있는 '프로그램'과 그 안에 담겨 있는 '연주 노트'입니다. 연주자의 멋진 사진이나 화려한 경력은 관객이 산 표의 가격을 정당화하는 것일 뿐, 연주의 가치를 높이는 것은 곡에 대한 설명과 그 곡에 대한 연주자의 해석이죠.

악보는 하나인데 연주는 무한일 수밖에 없는 이유 또한 '무언'에 있습니다. 악보에 작곡가가 남긴 것은 곡의 빠르기와 느낌을 전달하는 말과 음표가 전부이죠. 그러나 그 곡이 만들어진 배경, 작곡가의 설명, 후대의 일화 등이 빼곡하게 기록되어 있습니다. 연주자는 그 곡을 왜 선택했는지, 어떤 부분에 초점을 맞추어 어떻게 표현하고 싶은가에 대해 적어 놓습니다. 이렇게 노력하는 연주자와 화답하기 위해서는 이 정도는 읽고 이해해야 하고 그래야 연주자와 말을 나누지 않더라도 무언가 정답게 나눌 수 있습니다.

형언(形言), 말로 그리는 소리

> 그것이 먼 '방언' 같은 관객에게
> 음악의 언어는 어렵기만 한 것

잠깐의 쉬는 시간 뒤에 이어지는 두 번째 곡은 너무나도 익숙한 베토벤 교향곡 3번 「영웅」입니다. 오케스트라 대형으로 자리를 잡고 앉은 아홉 명이 펼쳐내는 소리가 점차 익숙해지더니 어느 순간 아흔 명의 오케스트라 단원이 내는 소리로 들립니다. 곡을 이끌어 가느라 쉴 새 없이 바쁜 바이올린, 제2 바이올린의 빈자리와 비올라 본연의 역할을 모두 감당하느라 잠시도 긴장을 풀지 못하는 비올라, 홀 전체를 채우는 더블베이스와 함께 저음을 담당하며 때로는 다른 현악기 사이를 오르내리는 첼로의 소리가 꽉 차게 들립니다. '아홉 명이 혼신의 힘을 다해 아흔 명의 소리를 만들어 내겠다'고 약속한 앙상블 대표의 오보에 소리 또한 플루트, 클라리넷, 바순, 호른과 어우러지며 곡을 완성해 냅니다.

음악에 무관심한 이들에게 네 종류의 현악기는 그저 바이올린, 아주 조금 큰 바이올린(비올라), 큰 바이올린(첼로), 엄청 큰 바이올린(더블베이스)일 뿐이죠. 플루트는 반짝이는 피리이고 오보에와 클라리넷은 시커먼 피리이고 바순은 이상하게 생긴 피리이며 나머지 금관악기는 모두 크고 작은 나팔일 뿐입니다. 각각의 악기 편성이 서로 다른 소리를 내는 것이 들리지 않으면 그것들이 만들어 내는 조화 또한 영원히 들리지 않습니다. 음악의 언어는 어려우니 그 언어 밖의 사람들에게는 어쩔 수 없는 현실이기도 하죠.

그러나 이러한 '막귀'는 현실 언어 공간에서는 결코 환영받지 못합니다. 세대에 따라 말이 다르고, 성별에 따라 말이 다릅니다. 계층에 따라 삶에서 외치는 소리가 다르고, 종교에 따라 기원하는 세계가 다릅니다. 이러한 소리가 구별되어 들리지 않는다면 그건 귀의 문제가 아니라 귀를 통과해 들어간 소리를 받아들이는 머리와 마음의 문제입니다. 안 들리는 것이 아니라 자기가 듣고 싶은 소리만 듣는 것이거나 자기가 듣고 싶은 소리로 왜곡해 듣는 것이죠. 현실의 말은 음악의 언어처럼 어려운 것도 아닌데 이런 사람들끼리는 앙상블도 기대할 수 없고, 이런 지휘자 밑에서는 미래의 희망을 그려볼 수도 없습니다.

"뮤지컬과는 다른, 형언할 수 없는 감동이었습니다." 뮤지컬만 보아오다 클래식 연주를 처음 들은 작가는 '형언'이란 어려운 말로 연주를 듣고 난 느낌을 표현합니다. "형언할 수 없다 하시나 굳이 형언을 하자면 도전과 열정, 그리고 노력의 결정체라 해야 하지 않을까 합니다." 아나운서 출신답게 또박또박 말하지만 누군가 써준 뉴스 원고가 아니라 영혼의 목소리이죠. "다른 건 모르겠고, 첼로 소리만 들렸어요. 눈물이 핑 돌 것 같은 첼로 소리." 늦은 나이에 첼로와 사랑에 빠진 솔직한 감상평입니다.

연주회장 인근의 빈대떡집, 낮에 내린 비에 공기도 길도 깨끗이 씻겨 내려간 야외의 테이블에서 끝없는 '형언'이 이어집니다. 말소리는 물론 바스락거리는 소리도 내지 못하게 하는 공연장의 '시체관극'이 입길에 자주 오르는데 이러한 관람 문화의 원조는 클래식 연주회장입니다. 대중음악 공연장에서는 환호성도 지르고 '떼창'도 하는데 이곳에서는 꿈도 못 꿉니다. 악장 사이에 감동의 박수를 치고 싶은데 그랬다가는 무식한 사람 취급을 받습니다. 그것이 무언의 약속이니 무언가의 공간에서는 묵언 수행을 하다 이런 공간에서 풀어놓으면 됩니다.

첨언(添言), 끝없이 덧붙여지는 말

> 작곡자의 손을 떠난 곡은 연주자의 것이듯
> 연주자의 악기를 떠난 곡은 청중의 것

"왜 굳이 WoO여야 했을까요? 창단 연주회이니 좀 더 대중적인 곡을 선택했으면 더 많은 호응이 있지 않았을까요?" 국회의원 선거가 있은 지 닷새밖에 되지 않은 시점이라 정치인의 소신이 담긴 정책보다는 지역 유권자의 구미에 맞는 공약을 앞세우는 것이 나을 거라는 말로 들립니다. "지휘자 없이도 저리 화음이 잘 맞는 게 놀랍지 않은가요?" 최고의 연주자들이 목숨을 걸듯이 서로의 소리를 들으며 앙상블을 이루어낸 결과에 대한 칭찬인데, 없느니만도 못한 리더에 대한 질책으로 들리죠.

무언의 시간이 끝났으니 마음껏 형언하고 생각나는 대로 첨언하는 것은 자유입니다. 연주가 끝난 후 연주자들은 연주자들끼리 화담을 할 테니 마음 맞는 관객들끼리 화기애애하게 이야기를 나눌 수 있는 자리는 축복입니다. 탁 트인 공간에서 눈치 줄 이도 없으니 마음속에 있는 이야기를 마음껏 꺼내면 됩니다. 원곡과 편곡이 모두 보이는 작곡 전공자는 말합니다. 편곡자는 왜 이리 비올라 연주자에게 많은 짐을 지웠냐고. 온몸의 기를 모아 리드에 바람을 불어넣는 오보에 연주자를 보고 난 작가는 자신이 오보에 연주자가 아님에 감사합니다. 호른의 그윽하고도 풍성한 소리에 반한 누군가는 언젠가 호른도 한번 불어보고 싶다고 생각합니다.

생각해 보면 모든 연주가 첨언이죠. 그저 몇 마디의 지시와 음표로만 남겨놓은 작곡자의 말을 연주자들은 자신의 말로 다시 합니다. 악보와 똑같이 연주한다면 그것은 컴퓨터가 연주하는 기계음일 수밖에 없습니다. 누군가 이전의 연주자를 흉내 내기에 바쁘다면 이는 중언부언(重言復言)에 지나지 않습니다. 원곡은 있지만 누군가의 기획으로 교향곡이 독특한 편성의 실내악곡으로 편곡됩니다. 편곡은 작곡가의 몫이지만 연주는 연주자의 몫이니 그 편곡도 새롭게 해석됩니다. 연주회가 끝난 후 관객의 첨언에 귀를 기울이다 보면 편곡, 편성, 연주 또한 바뀔 수 있습니다. 이 모든 것이 첨언입니다.

　　大同江水何時盡　　대동강 물은 어느 때 마르려는지
　　別淚年年添綠波　　해마다 이별 눈물 푸른 강물에 더해지네

밤이 깊어져 가니 빗물에 씻긴 가로수의 나뭇잎 빛깔이 점점 더 짙어집니다. 이제 모임을 끝내고 이별을 고해야 하는 순간 정지상의 한시 「송인(送人)」의 두 구절이 떠오릅니다. 아무리 이별이 흔하고 눈물이 많아도 대동강 물에 영향을 줄까 싶지만 정지상의 허풍이 나쁘지만은 않습니다. 젊은 연주자 아홉 명이 시도한 화담, 그리고 이제까지 있었고 앞으로도 있을 화담 역시 마르지 않을 것입니다. 누구든 새로운 연주를 선보이며 첨언을 그치지 않는다면요.

소싯적에 바이올린을 배웠던 전직 아나운서가 연말 공연을 제안합니다. 새로 시작한 첼리스트의 첫 무대를 연말에 갖자고 하는군요. 현이 둘이니 관으로 한 자리를 같이하겠다고 약속합니다. 악기와는 조금 거리가 있는 작가는 목소리로 참여하겠다고 말합니다. 새로운 앙상블이죠. 50년 전 바이올린

과 1년이 채 안 된 첼로가 함께하니 멋진 앙상블을 기대하기는 어렵습니다. 현 둘에 관 하나, 여기에 보컬이 함께할 만한 곡이 있을지는 모르겠습니다. 그러나 이 또한 문제 될 것은 없습니다. 각자의 삶을 살다가 서로의 소리를 들으며 하루라도 화음을 만들어내려는 시도만으로 충분하다. 그것이 화담이죠.

연주가 끝난 뒤 '화담(和談)'하는 연주자들. 이때의 언어는 우리와 같은 언어이니 평소에 이들의 말에 귀를 기울이면 음악의 언어도 들립니다.

3 세계를 품은 말과 글

중국 옌볜 조선족 자치주 옌지시의 옌볜대 앞 상가 건물. 옌지시 '핫플'인 이곳엔 규정에 따라 한자와 한글이 대등하게 쓰인 간판이 걸려 있습니다.

[01]

중국 옌볜의 경관

'오우바'와 '친구' 손잡고 경계를 넘어 '꽃길'로 가자

> 다른 나라 땅에서 듣게 되는 한국어 철도 안내 방송,
> 관광객들을 위한 말이 아닌 그곳에 사는 이들의 말!

잠결에 들려오는 안내 방송에 소스라치듯 잠에서 깹니다. 이곳은 틀림없는 중국 땅, 그런데 열차의 안내방송이 한국어로 나온단 말인가요? 열차에서 내린 후 역사 여기저기를 둘러봐도 낯익은 한글 안내문이 보입니다. 그렇습니다. 여기는 옌볜 소선족 사지주의 주도 엔지시입니다. 중국에 거주하는 동포들이 가장 많이 모여 사는 곳, 중국 내 55개 소수민족 중 14번째로 인구가 많은 조선족의 중심지이죠. 이들의 고유한 언어인 조선어가 중국어와 대등한 대접을 받는, 길거리나 시장 어디에서도 알아들을 수 있는 말이 들리는 땅입니다.

한·중 수교 직전 1991년 겨울에 첫 방문을 한 이래 벌써 일

곱 번째, 그 사이의 변화를 계속 지켜보아 왔는데 코로나19 이후 최근의 변화가 놀랍습니다. 조선족 집거지(集居地)의 해체와 조선족 학교의 소멸을 지켜보면서 이곳의 어두운 미래를 예측하곤 했었습니다. 그러나 거리를 화려하게 밝히는 다양한 한글 간판과 인산인해의 전통시장 풍경에서 중국 내 한국어의 새로운 가능성도 보게 됩니다. 옌지시에서의 한국어는 지금 치열한 물밑 싸움 중이죠.

최초의 표준 한국어

> 한글로 쓰인 최초의 '표준 한국어',
> 조선 왕실 출발한 함경도서 유래

"어이 왔음둥?" 1990년대의 두 차례 방문 때 이곳의 아바이(할아버지)와 아매(할머니)들의 첫인사는 늘 이랬습니다. 직역하면 '어떻게 왔습니까?'란 말이지만 '이 먼 곳까지 반가운 손님들이 찾아와 주시니 감사합니다'란 뜻이 담긴 말이죠. 준비한 보잘것없는 선물이라도 드리면 "일 없슴다(괜찮습니다)"를 몇 번이고 외치다가 강권에 못 이겨 "아슴채케(고맙게도) 어째 이런 걸"이라 말하며 부담스럽더라도 진심으로 감사한 마음으로 받는 말이 들리곤 했었습니다.

그런데 이 땅의 말에 대한 오늘날의 우리 통념은 썩 유쾌하지만은 않습니다. 「황해」, 「청년경찰」을 비롯한 영화나 드라마에서 들리는 이 땅의 말은 험악하기 그지없습니다. 이 지역 사람들끼리 하는 말을 엿듣다 보면 이들 표현대로 '알아 못 들을 말'이 태반이죠. 오르내림이 심한 억양, 익숙하지 않은 단어와 말끝 등은 적응하는 데 시간이 걸립니다. 게다가 수교 이후 한국에 온 동포들이 약장수, 공사장과 식당 등의 허드렛일을 하는 경우가 많다 보니 이들에 대한 비하가 이들의 말에 대한 평가에 투영되기도 했었죠.

그러나 놀랍게도 이들의 말은 한국어 최초의 표준어였습니다. 신라가 삼국을 통일했으니 최초의 표준어 지위는 경주 말에 주어져야 하죠. 고려 건국 과정에 신라 귀족이 대거 참여하여 이들의 말이 고려를 거쳐 조선까지 이어졌습니다. 그런데 이들의 말은 함경도 말, 특히 이들이 '유우비(六邑)'라고 일컫는 육진(六鎭) 지역의 말이니 변방의 말이 표준어가 되기는 어려워 보입니다. 하지만 한글이 창제된 이후에야 우리말을 온전히 기록할 수 있게 되었는데 초기의 한글 문헌을 보면 이들의 말과 매우 유사하죠.

상황은 이랬습니다. 새로운 문자인 한글로 우리말을 적어야 하는데 각지의 말이 다 다르니 어떤 말을 기준으로 해야 할까가 문제였죠. 한글의 창제자이자 당시의 지존인 왕의 말이 일순위였습니다. 그런데 조선 왕실의 뿌리는 함경도이고 태종 이방원까지는 확실히 함경도 말 화자였을 것으로 보입니다. 세종 또한 어린 시절부터 주변의 함경도 사람들로부터 말을 배웠을 테니 함경도 말을 썼을 가능성이 큽니다. 이렇게 가정해야만 초기의 한글 문헌과 육진 지역 말의 유사성이 설명되니 육진 지역의 말을 계승한 이들의 말은 최초의 표준어였죠.

'댜는 무스거 셰샹 모르는 숨탄 즘시터르 보여도 됴혼 늣으한단 말이오'란 말은 외국어처럼 들립니다. '저 아이는 무슨 세상 물정을 모르고 그저 생명을 갖고 살아 움직이는 짐승처럼 보여도 잘될 조짐을 보여준다는 말입니다'로 번역해도 대응시켜 이해하기 어렵습니다. 하지만 걱정할 필요가 없습니다. 이리 말하던 많은 이들이 세상을 떴고 그 이후의 세대들은 이들이 '한국말'이라 부르는 남쪽의 표준어에 익숙해졌습니다. 표준 한국어를 쓰는 이들도 점점 늘어나고 있습니다.

'我洗我洗 干洗店'과 '세탁은 워시워시'

> 간판마다 한자와 함께 박힌 한글,
> 한·중 넘나들며 표현 범위 넓혀

말과 글의 풍경을 가장 잘 보여주는 것은 거리의 간판입니다. 옌지시의 간판은 중국의 다른 지역과 비교할 때 '때깔'이 다릅니다. 붉은색 일색에 한자가 커다랗게 박힌 여느 간판과 달리 알록달록 다양한 색에 한글이 한자와 함께 표기되니 이국적인 느낌까지 물씬 풍깁니다. 게다가 '한국물'을 먹은 주인장과 손님들, 그리고 '한류'를 느끼고자 하는 중국인들까지 몰려들고 있으니 이 지역의 간판이 자아내는 풍경은 다른 지역과 사뭇 다릅니다.

'我洗我洗 干洗店', 중국인이나 중국어에 익숙한 이들은 이 글자가 먼저 눈에 들어올 것입니다. '빨래는 내게 맡겨, 드라이클리닝 가게'의 뉘앙스이지만 좀 어색하죠. 그런데 규정과 다르게 한자보다 더 크게 쓴 한글 '세탁은 워시워시'를 보면 실마리가 보입니다. '我洗'의 발음은 '워시(woxi)'이니 발음을 해보면 영어 단어 'wash'까지 이르게 되고 중국어와 영어에 걸친 말장난이 한글로 표현되었음을 알 수 있습니다. 여기는 중국의 자그마한 도시, 그러나 한국어와 한글이 새로운 활로를 모색하며 이국적인 풍경을 그려내고 있습니다.

옌지시의 '핫플'로 꼽히는 옌볜대 앞의 상가 건물은 이 지역의 언어 상황을 상징적으로 보여줍니다. 마치 커다란 성과 같은 위용을 자랑하는 건물에 다닥다닥 붙어 있는 간판은 규정에 따라 한자와 한글이 대등하게 쓰여 있습니다. 하지만 '개 좋은 카페' '가지가지' '단골손님' 등의 한글을 보게 되면 한글을 아는 이와 한국어를 알고자 하는 이를 자연스럽게 유혹합니다. 새롭게 상권이 형성된 거리는 '간판 한류'를 더 극명하게 보여주는데 이것 또한 중국 내에서 한류를 즐기고자 하는 중국인들을 끌어모으는 데 일조하고 있습니다.

성수기에는 발 디딜 틈이 없는 서시장 또한 말과 글의 물밑 전쟁을 잘 보여줍니다. 다른 가게와 같은 식재료를 팔더라도 품목 이름은 한자 또는 한글로 적혀 있습니다. 양쪽을 다 적어 놓기도 합니다. 이들의 손 글씨는 규제의 대상이 아니니 철저하게 장삿속으로 언어를 선택합니다. 상인들은 손님의 차림만 보고도 한국인과 중국인을 구별해 호객을 합니다. 물론 곱게 화장하고 예쁘게 차려입은 '아즈마이'가 주인인 집에서는 한국 손님도 한국말로 바로 흥정을 해도 됩니다. 이런 분들은 팔할이 우리 동포이니 말이죠.

'오우바'와 '친구', 그리고 '후아루'

> 한·중수교 이후 전통적인 조선족 공동체의 결속력 약화,
> 조선어 또한 모국어의 지위를 잃게 돼

옌지시의 한글 간판이 이렇게 화려함을 자랑하지만 이들의 민족어인 조선어의 미래는 그리 밝지 않습니다. 가정에서도, 학교에서도 조선어를 쓰지 않으니 민족어가 계승되기 어려운 상황이 되었죠. 과거 조선족 마을에는 압도적으로 조선족이 많아 한족마저도 조선어를 쓸 정도였으나 오늘날은 그런 집거지가 대부분 해체되었습니다. 조선족 학교가 여럿 있었고 이 학교 출신은 대학 진학에도 유리한 면이 있었죠. 그러나 오늘날에는 그런 혜택도 없고 조선족 학교도 급격히 줄어들고 있습니다. 조선어를 쓸 일도, 써야 할 이유도 점차 사라지고 있는 것이죠.

중국의 소수민족과 그들의 언어에 대한 정책은 중국 정부가 결정할 문제입니다. 그런데 조선어는 1세대 선조들의 '본

국'에서 '모국어'가 현재도 사용되고 있다는 점에서 다른 소수민족과는 상황이 다릅니다. 현재의 세대들은 1세대와 달리 '중국'이 본국이고 '중국어'가 모국어인 경우가 많습니다. 따라서 이들이 '민족어'를 쓰면 이는 곧 '외국어'이기도 한 복잡한 상황이 되는 것입니다. 중국 내 민족어의 실체와 그 미래는 결국 중국 동포들 스스로 결정하고 개척해야 하는 문제이기도 하죠.

이런 상황에서 '오우바(欧巴)'와 '친구(亲故)', 그리고 '후아루(花路)'가 중국에서 사용되고 있는 양상은 시사하는 바가 있습니다. 이 단어들은 중국어 단어가 아니지만 젊은 층, 특히 한류에 익숙한 이들은 잘 알고 실제 쓰기도 하는 단어입니다. 앞의 두 단어는 차례로 '오빠'와 '친구'이니 중국어 단어 '거거(哥哥)'와 '펑요우(朋友)'를 쓰면 되지만 한국어를 음차해서 쓰고 있습니다. '후아루(花路)'는 한국어의 '꽃길'을 번역해서 쓴다는 점에서 위의 두 사례와는 다릅니다. 한자로 얼마든지 의미가 통할 수 있지만 중국에서는 쓰지 않던 단어였는데 한국어의 '꽃길만 걸으세요'와 같은 표현을 받아들여 쓰고 있는 것이죠.

중국어나 한자의 특성상 말소리를 직접 받아들이는 것은 매우 드문 일인데 그만큼 이 단어의 의미와 용법에 중국에서 관심을 기울인다는 의미이기도 하죠. 또한 한자를 공유하고 있으니 한국어의 고유어를 그 용법에 맞게 번역해서 쓰는 것도 한국어에 대한 이해가 높아졌다는 증거이기도 합니다. 한국과 중국의 관계, 그리고 중국 내에서의 중국어와 한국어의 관계는 여전히 복잡합니다. 그러나 오빠와 동생, 친구가 되어 꽃길을 걸을 가능성은 얼마든지 있습니다. 물론 그 가능성은 한국과 중국 말의 주인들이 함께 찾아가야 합니다.

짜구배의 설움, 사과배의 가능성

> 세대 바뀌어도 일상 속 한국어의 무한 변주,
> 현지의 풍토에 맞게 교배된 '사과배'처럼 새로운 가능성 열길

옌지시에 인접한 룽징시의 특산물로 사과배(苹果梨)가 있습니다. 그 이름에서 알 수 있듯이 이는 사과와 배의 교잡종인 '튀기'인데 이들 말로 하면 '짜구배'입니다. 현재 이 지역에서 쓰이는 말은 한국어와 중국어의 짜구배이기도 하죠. 조선어를 하면서도 수없이 많은 중국어 단어가 끼어들기도 하고 반대의 상황이 나타나기도 합니다. 두 언어를 모두 잘하는 이도 있지만 어느 한쪽이 좀 뒤떨어지거나 양쪽 다 완전한 수준에는 이르지 못하는 경우도 있습니다. 이는 어찌 보면 이도 저도 아닌 튀기 혹은 짜구배의 상황일 수도 있습니다. 반면에 양쪽의 장점을 두루 갖춘 새로운 종이기도 하죠.

이 지역에 살고 있는 이들은 한국과 중국의 경계를 오갈 수 있습니다. 이들은 중국어와 외국어로서의 한국어를 잘할 수 있는 환경에 있습니다. 중국 내에서 일어나고 있는 중국어와

조선어의 물밑 경쟁을 슬기롭게 이끌어 한국과 중국이 오빠와 동생 혹은 친구로서 꽃길을 걷게 할 수 있는 이들이기도 합니다. 사과배는 얼리면 겨울철의 별미인 '둥리(凍利)'가 됩니다. 이들의 삶과 언어를 둥리처럼 현재의 상태로 동결시키길 바라는 이도 있을 수 있습니다. 그러나 이들의 삶과 말은 끊임없이 변하면서 새로운 가능성을 열어나갈 것입니다.

중국 옌볜 옌지시의 세탁소 간판, 조선어가 모국어인 이들이 많은데다 '한국물'까지 더해져 세련된 한글 간판이 많이 보입니다.

한글 간판과 안내문이 곳곳에서 보이는 뉴욕 32번가 코리아타운, 거대도시 뉴욕에서 한국과 한국어를 느낄 수 있는 공간입니다.

[02]

뉴욕에 가다

간판 속 한국어 '짬뽕'이면 어때,
K 문화가 세계로 뻗어나가잖아

"아이 돈 드링크 커피, 아이 테이크 티, 마이 디어……
아임 언 잉글리시맨 인 뉴욕."

이것은 영어 노래인가요, 한글 노래인가요? 질문부터 틀렸습니다. 영어는 언어이고 한글은 글자이니 영어로 만들어진 노래의 가사를 한글로 적어놓은 것이기 때문이죠. 언어와 문자는 엄연히 다른데 유독 우리가 많이 헷갈립니다. 한국어는 우리만 쓰는 고유한 언어이고, 한글은 그 언어를 적기 위해 만들어졌으니 혼동이 될 만도 합니다. 이러한 혼란은 해외에 나가면 훨씬 더 커집니다. 어쩌다 마주친 한글이 곧 한국어로 받아들여집니다. 엉터리 발음과 표기로 된 한국어도, 번역기의 시원찮은 번역으로 만들어진 한국어 문구도 반갑습니다.

지난 30여 년간 한국어 방언만 찾아다니다 미국 최고의 도시 뉴욕의 최대 번화가인 맨해튼 한복판에 서서 갈 길을 잃습니다. 한국인과 한국어만 접해 왔는데 이곳엔 각양각색의 인종, 민족, 국가의 사람들과 그만큼 다양한 말들이 넘쳐납니다. 한국인과 한국어는 수없이 많은 사람들과 말 중 하나에 불과하죠. 단 일주일 동안 뉴욕 사람이지만 32번가 코리아타운에 점점 박혀 있는 한글, 박물관과 미술관 등에서 어쩌다 마주치는 한국어를 통해 세계 속 한국어의 자리를 가늠해 봅니다.

한국어와 한글

> 한국어를 적는 데만 사용되는 한글,
> 그래서 '한글'이 곧 '한국어'인 양 오해되기도

'국어'는 우리에게는 너무도 익숙하고 우리끼리는 그 대상이 분명하지만 나라 밖에 서는 순간 이 말은 이상해집니다. 일본과 대만에서도 쓰이는 '국어(國語)'는 누가 말하느냐에 따라 그 대상이 달라집니다. 그러니 정확하게 쓰자면 '한국어'라고 해야 합니다. 이에 따라 한국어를 적기 위해 만들어진 글자는 '국문'이 아닌 '한글'이어야 합니다. 한글로 영어의 말소리를 적었다고 그것이 한국어인 것은 아닙니다. 뉴욕에 사는 영국인 스팅의 「잉글리시맨 인 뉴욕」의 노랫말도 한글로 적었을 뿐 영어입니다.

그러나 뉴저지에서 뉴욕으로 가기 위한 기차역에서 만난

기차표 자판기의 한글은 훌륭한 한국어 방언 제보자를 만난 것만큼이나 반갑습니다. 영어, 프랑스어, 독일어, 이탈리아어, 스페인어와 함께 언어 선택 메뉴에 '中文' '日本語' '한글'이 올라 있습니다. 여기에서도 문장을 뜻하는 '文'과 말을 뜻하는 '語', 그리고 글자를 가리키는 '한글'이 뒤섞여 있지만 그것보다 왜 동아시아 세 나라의 말이 지원되는지가 더 궁금하죠. 세 언어의 위상 혹은 우수성 때문일까요? 이런 '국뽕'에 취하는 것은 바람직하지 않습니다. 철저하게 상업적 이익을 위한 것일 가능성이 크지만 그래도 한·중·일의 문자에 대해 생각해 볼 계기를 마련해 줍니다.

한·중·일 삼국은 문자 역사의 살아 있는 박물관이자 보물창고입니다. 가장 오래된 문자 유형인 뜻글자 한자가 세 나라에서 공유되어 왔고 공용되고 있습니다. 소리글자의 첫 단계인 음절문자가 일본에서 사용되고 있고 소리글자가 극한까지 발전해 글자가 소리까지 보여주는 한글이 한국에서 사용되고 있습니다. 이집트 문자와 수메르 문자의 영향을 받아 페니키아인이 만든 알파벳이 전 세계에 걸쳐 가장 널리 쓰이고 있지만 문자의 살아 있는 역사를 보여주는 한·중·일 삼국의 독특한 문자는 그래서 색다른 대접을 받기도 합니다.

그러나 대세는 영어를 비롯한 인도 유럽 어족과 이 말을 기록하기 위한 알파벳입니다. 사용자 수로만 따진다면 중국어가 지구촌의 언어가 되어야겠지만 사용자 순위 3위인 영어가 세계 공용어의 지위를 누리고 있습니다. 문자의 과학성을 논하자면 한글은 독보적 지위이지만 '발명자도 없이 오랜 세월 여기 저기에서 많은 사람의 손을 탄' 알파벳도 충분히 쓸 만하니 '한글의 세계화'는 꿈꿀 이유가 없습니다. 사용자 수 13위의 한국어, 이 언어를 적기 위한 과학적인 문자 한글, 딱 이 정도에서 만족하면 됩니다.

한글 혹은 한국어 네 컷

> 한글 손글씨부터 한국어의 발음대로 적은 영문 표기,
> 한국과 한국어의 위상을 보여주는 상징

맨해튼의 코리아타운인 32번가, 그런데 대실망입니다. 휘황찬란한 거리에 한글 간판이 넘쳐날 줄 알았는데 막상 가보니 흔하디흔한 뉴욕 거리 중 하나에 간간이 한글이 보일 뿐입니다. 애초에 기대가 잘못됐습니다. 남의 나라, 그것도 세계 최대 도시의 가장 번화한 거리에서 한국의 풍경을 기대한 것이 잘못입니다. 그런데 묘하게도 한국에서 유행하는 즉석 사진관 간판이 눈길을 끕니다. 정작 중심이 되어야 할 '인생네컷'은 세로글씨로 구석에 몰려 있는, 영어와 중국어 안내가 주인 행세를 하는 간판입니다. 이 간판은 뉴욕, 아니 세계 속 한국어와 한글의 네 컷을 보여주기도 합니다.

첫 번째 컷은 '더큰집 THE KUNJIP'입니다. 한글과 알파벳 표기가 함께 있으니 한국인은 이 집의 정체를 알죠. 비교의 대

상은 없지만 아마도 이 거리의 제일 큰 식당을 지향하는 것일 듯하나 사실은 'THE KUNJIP'의 정관사 'the'를 한글로 적은 것일 뿐입니다. 한글로 적었다고 해서 한국어인 것도 아니고 알파벳으로 적었다 해서 영어인 것도 아닙니다. 알파벳으로 적었다 하더라도 영어 사용자들은 그 뜻을 알 수 없으니 그저 기호일 뿐입니다. 함께 적힌 한글 역시 한국 식당임을 알리는 기

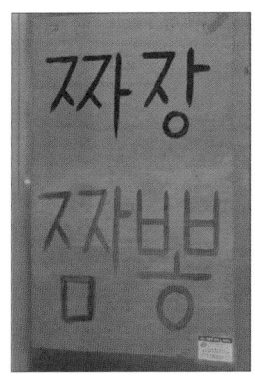 

맨해튼의 코리아타운인 32번가의 한글 간판들. 손글씨로 거칠게 쓴 '짬뽕', 세로글씨로 구석에 쓴 '인생네컷', 알파벳으로 적힌 '치맥', 정관사 'the'를 한글로 적은 '더큰집'.

호일 뿐이죠.

두 번째 컷은 'CHIMAEK'입니다. 한글로 적으면 '치맥'인데 이마저도 뜻을 알 수 없으니 '치킨에 맥주'의 첫 글자를 딴 신조어임을 알아야 비로소 이해할 수 있습니다. '치킨'은 서양의 음식이고 서양의 '비어(Beer)'가 들어와 '맥주'란 이름으로 불리고 있으니 이 또한 서양의 술이죠. 물 건너온 음식이 한국 땅에서 새롭게 조화를 이룬 후 한국어식 신조어와 함께 역수출되었습니다. 한국 땅에서 조합된 한국 음식이자 그 이름은 한국어이니 알파벳으로 적더라도 외국인은 알 수 없습니다. 그러나 괜찮습니다. 그 이름이 궁금하면 먹어보면 되고 그 조화가 훌륭하면 이름의 유래까지 스스로 알게 하면 그만입니다.

세 번째 컷은 '그리운 miss KOREA'입니다. 한국식으로는 '고깃집'이라고 해야겠지만 'Barbecue Restaurant'이라고 정체를 밝히고 있습니다. 한글로 쓰인 '그리운'과 알파벳으로 적힌 'miss KOREA'가 말장난이지만 묘한 조화를 이룹니다. 영어 단어 'miss'는 '그리워하다'는 뜻도 있으니 '그리운'과 뜻이 통합니다. 혹은 아름다운 한국 여성을 그리워하는 마음을 담은 것일 수도 있습니다. 외국인과 함께 이 식당을 방문한 한국인은 한국어와 영어가 뒤죽박죽인 이 집 상호를 재미있게 설명하며 고기구이의 맛을 즐기면 됩니다.

네 번째 컷은 손 글씨로 거칠게 쓴 '짬뽕'입니다. 이 글씨를 읽을 줄 알고, 이 글씨에 이끌려 식당의 문을 연 이는 틀림없이 한국에서 짬뽕을 먹던 교포이거나, 기름진 음식에 물린 한국

인 관광객일 것입니다. 일본에서 중국인이 개발한 음식인 'ちゃんぽん', 이것이 한국에 들어와 붉은 국물로 바뀐 '짬뽕', 이것이 다시 중국에 들어가 '한식초마면(韓式炒碼麵)'이 된 그것이죠. 음식은 이렇게 짬뽕이 되고 말은 더 심한 짬뽕이 됩니다. 물 건너 멀리 뉴욕까지 온 한국어와 한글은 이렇게 네 컷의 짬뽕이 되어 살아 있습니다.

한국어와 한글의 우수성과 순수성 집착

> 지구촌 시대에 한글과 한국어에만 매달려 살 것이 아니라 국제인으로서의 외국어 능력도 함께 갖춰야

코리아타운의 실망을 짬뽕으로 달래고 뉴욕의 자랑인 미술관과 박물관으로 향합니다. 거대한 규모, 상상을 초월하는 소장품과 전시물에 놀라는 것은 당연하죠. 그러나 역시 시선은 온통 한글과 한국어에 쏠립니다. 그런데 '모마'에는 한국어가 없습니다. 젊은이들의 신조어처럼 들리지만 'Museum of Modern Art'의 머리글자를 딴 줄임말이니 한국이라면 '현대미술박물관'을 줄인 '현박' 또는 '미박'이 될 이곳에는 한국어가 없습니다. 아니 QR코드를 스캔하면 볼 수 있는 주의 사항에는 여러 언어가 있지만 이따금 보이는 외국어 작품 이름 외에는 '잉글리시 온리(English Only)'입니다.

너무 불친절한 것 아닌가요? 아닙니다. 국제도시 뉴욕에 왔

으니 영어로 된 설명 정도는 읽고 이해할 줄 알아야 합니다. 이미 때를 놓친 이들은 어쩔 수 없겠지만 우리의 뒤를 이을 세대는 이 정도쯤은 척척 이해할 수 있는 세계인으로 키워야 합니다. 전시된 작품이 궁금하고 애정이 있다면 따로 공부하고 와서 작품을 직접 보고 감동해야 합니다. 그러한 노력과 애정 없이 한국어와 한글을 고집한다면 지구촌의 일원으로서 세계를 무대로 살아가기를 꿈꾸지 말아야 합니다.

   자연사박물관의 입구에서부터 상한 마음은 아시아관에 이르러서 극한에 다다릅니다. 입구에 비치된 안내지도가 'Hello' '你好' 'Hola'라고 인사하는데 '안녕'이라고 인사하는 안내지도가 안 보입니다. 마음 상할 일이 아닙니다. 영어, 중국어, 스페인어는 사용자 수로 따지면 세 손가락 안에 드는 언어이니 딱 그만큼 준비된 것이죠. 나머지 언어를 사용하는 이들은 모국어에 외국어 하나를 더해 더 폭넓은 세계인으로 살아갈 기회가 주어졌음에 감사하면 됩니다. 너무 작은 규모의 한국관에 자존심이 상할 수 있지만 이 또한 옳지 않습니다. 땅덩어리, 인구, 경제력 등 여러 면에서 넘을 수 없는 혹은 시간이 더 필요한 격차가 있으니 인정하면 됩니다. 그리고 문화적 역량을 더 키워나가면 됩니다.

   자연사박물관의 한 통로 앞에 세워진 안내판의 '출구가 아니다'란 문구가 묘한 흥미를 불러일으킵니다. 이 버르장머리 없는 문구는 사람이 아닌 번역기의 작품이죠. 'No Exit'란 영어 문구를 번역기에 넣어 언어별로 번역해 만든 것인데 번역기의 성능이 시원찮습니다. 그래도 이 안내문은 우리가 사는 시대가 어떤 시대인지 보여줍니다. 영상 속의 언어를 바로 번역해 줄 뿐만 아니라 인공지능을 탑재한 스마트폰이 외국어를 바로 번역해 주는 시대에 살고 있습니다. 이런 시대에 '모국어'에만 얽매이거나 '외국어'에 대한 혐오나 동경에 사로잡히는 것은 바람직하지 않습니다.

출구가 아닙니다. 국제도시 뉴욕에 와서 한글과 한국어만 찾는 것은 출구가 아닙니다. 사람, 언어, 문화가 짬뽕이 되어 사는 시대에 한국어의 순수성만 고집하거나 한글의 우수성에 취해 있는 것은 출구가 아니죠. 모두가 세계인으로 살아가야 할 시대에 곧 물러갈 세대를 위한 번역을 요구하는 것은 출구가 아닙니다. 기계가 많은 것을 대신하는 시대에 인쇄된 책자나 전시된 공간의 크기에 연연하는 것도 출구가 아닙니다.

Be yourself no matter what they say. 뉴욕에 사는 영국인 스팅은 "남들이 뭐라 하든 당신답게 살라"고 말합니다. 누가 뭐라 해도 한국어는 사용자 수 13위의 세계적 언어이고 한글은 유례를 찾을 수 없는 과학적인 문자입니다. 그러나 한국어기 세계어가 되고, 한글이 세계화가 될 가능성은 없습니다. 그렇다고 자기비하에 빠질 이유도 없습니다. '케이 푸드' '케이 팝' '케이 드라마' 등의 문화를 통해 우리의 말과 글이 세계로 뻗어나가는 것을 도우면 됩니다. 우리의 문화를 궁금해하는 이들이 번역기를 통해 우리에게 다가오듯 우리 또한 이를 통해 더 많은 세계와 접촉하며 살아가면 됩니다.

한자와 일본의 글자 가나가 함께 사용되는 일본어 표기. 뜻을 나타내는 핵심어는 대부분 한자로, 우리의 조사나 어미에 해당하는 부분만 히라가나로 쓰는 경우가 많습니다. 외래어나 강조할 때는 가타카나를 씁니다.

〔03〕

도쿄에 가다

도쿄, 혹은 동경에서 점쳐 보는 한자와 한자어의 미래

> 고유문자·한자에 별별 외래어 버무려 쓰는 일본,
> 그 소화력 놀랍지만, 우린 한글 있어 안 부러워

成田国際空港에 도착해 酒店接送巴士를 타고 사흘 동안 머물 酒店으로 향합니다. 그런데 딸아이는 Narita International Airport, Hotel Bus에 눈길이 먼저 가고, 아내는 여행 안내서의 정보에 의지합니다. 꽤 친절하게 돼 있는 각종 안내 표지판을 보고 길을 찾는 중년 남성과 무조건 스마트폰의 지도 앱을 따라 움직이는 20대 대학생, 그리고 여행 안내서를 펼쳐 가야 할 곳과 가고 싶은 곳을 정하는 중년 여성의 모습입니다. 여행의 모든 일정을 같이할 세 일행이 서로 다른 정보에 의지해 같은 길을 갑니다. 모로 가도 서울만 가면 된다지만 셋은 동경, Tokyo, 도쿄에 가고 있습니다.

가깝고도 먼 나라, 지극히 진부한 표현이지만 일본을 표현하기에 이보다 더 적당한 말은 없습니다. 지리적으로도 가깝고 언어 면에서도 비슷하죠. 그러나 20세기 초의 불행한 역사 때문에 가까이해서도 안 되고 친한 척을 해서도 안 됩니다. 일본의 냄새가 배어 있는 것은 일부러라도 배척해야 합니다. 그러나 가까워서 익숙한, 35년간의 불행한 기억이지만 그래서 공유하고 있는 것이 많은 이곳은 중국 다음으로 많이 찾게 되는 곳이죠. 그때마다 보이는 말과 글의 풍경들은 늘 흥미롭습니다. 특히 두 종류의 일본 글자, 그리고 한·중·일 삼국이 공유하는 한자, 여기에 자기들 식으로 읽는 영어가 그렇죠.

일본 공공 안내 표지의 반가운 한글

> 일본의 공공 안내에 의무처럼 드러나는 한국어,
> 배려와 장삿속이 어우러져 있다.

일본은 밉지만 일본인은 미워하지 못하는 경우가 종종 있습니다. 그들의 정치와 외교는 뻔뻔스럽기 그지없지만 개인적으로 만나는 일본인은 상냥하고 친절하죠. 비행기에서 내려 공항에 도착하는 순간부터 도시의 모든 거리를 다녀봐도 마찬가지예요. 일본이 친절하다고 느낄 수밖에 없는 이유 중 하나, 있어야 할 곳에 반드시 있는 공공 안내 표지에 한글이 빠지지 않습니다. 가나와 한자로 표기된 일본어 표기를 몰라도, 영어 안내를 굳이 읽지 않아도 됩니다. 모든 공공 교통 표지판에 영어, 한국어, 중국어 표기를 병기하는 것이 2018년에 가이드라인으로 제시되어 철저하게 지켜지고 있기 때문입니다.

그런데 문득 드는 생각, 왜 한국어와 중국어 표기가 있는 것일까요? 한국에 대한 배려와 존중 때문일까요? 한·중·일 세 나라가 지리적으로 가깝긴 하지만 정치나 외교 면에서 썩 좋은 관계가 아닌 것을 고려하면 이러한 친절이 한국에 대한 배려와 존중 때문은 아닐 듯합니다. 이러한 의문은 우리나라의 안내 표지나 안내 방송을 보면 풀립니다. 우리 또한 영어뿐만 아니라 일본어와 중국어로 안내를 붙이고 방송을 하기도 합니다. 이러한 정책은 '국가'에 대한 배려가 아니라 '손님' 혹은 '고객'에 대한 배려입니다. 그저 찾아오는 모든 사람을 이르는 손님보다 장삿속이 깔려 있는 고객이 더 정확한 표현일 수 있습니다. 찾는 이가 많으니, 그들에게 친절하게 안내해야 우리의 상품과 문화를 팔 수 있으니 친절을 베푸는 것이죠.

조금 삐딱한 시선으로 보면 친절 혹은 배려의 이면에는 늘 장삿속이 깔려 있습니다. 공공 표지판에는 한글 표기가 친절히게 되어 있는데 기업이나 개인이 운영하는 곳은 그렇지 않습니다. 본래 카메라를 파는 상점이었다가 온갖 물건을 다 파는 곳으로 변신한 상점에 가보면 영어와 중국어를 할 줄 아는 점원이 반드시 있는데 한국어를 할 줄 아는 점원은 없거나 드뭅니다. 한국인과 한국어에 대한 배려와 존중이 부족한 것이 아닙니다. 이곳을 찾는 한국인의 수, 그리고 열리는 지갑의 두

께가 결정하는 문제이죠. 투자 대비 얻을 수 있는 수익에 철저하게 지배를 받는 영리 시설에서는 당연한 결과이기도 합니다.

어쨌든 반갑고 고마운 일이죠. 우리가 그들의 고객이 될 수 있다는 것은 우리가 그만큼의 경제력을 가지고 있다는 방증입니다. 우리는 더 일찍이 일본인을 위한 배려를 하고 있었는데 이들이 그에 상응하는 정책을 펼치고 있다는 것은 서로가 대등한 관계에서 주고받을 수 있게 되었다는 것이기도 합니다. 우리의 이전 세대가 일본의 기술과 문화를 동경해 자연스럽게 일본어를 배웠듯이 일본의 젊은 세대가 한국의 문화에 심취해 한국어를 배우는 것도 마찬가지예요. 그렇게 주고받는 대등한 관계가 바람직한 관계입니다.

한자의 생존과 부활

> 여전히 한자를 많이 쓰는 일본,
> 그에 대한 궁금증이 한자와 한글에 대한 이해를 돕는 열쇠

센소지(Sensoji)에 가려면 전철을 타고 아사쿠사(Asakusa) 역에서 내려야 합니다. 그런데 이게 무슨 장난이란 말인가요? 센소지는 '浅草寺'이고 아사쿠사역은 '浅草驛'입니다. 한자로는 '浅草'라고 써놓고 때로는 '센소'라고 읽고 때로는 '아사쿠사'라고 읽는 것이죠. 일본어를 접해본 이들은 알고 있는 문제이지만 한자를 음으로도 읽고 뜻으로도 읽기 때문에 발생하는 문제입니

다. 중국과 한국에서는 한자를 음으로만 읽지만 일본에서는 뜻으로도 읽기 때문이죠. 이런 이유로 한자를 아는 한국인과 중국인은 한자투성이인 일본의 전문 서적을 보고 이해할 수 있지만 그것을 일본어로 소리 내어 읽지 못하기도 합니다.

한국인의 시각으로 보면 더 궁금한 것이 있습니다. 일본의 고유문자가 있는데 왜 여전히 한자를 이토록 많이 쓰고 있을까요? 우리는 한글과 한자가 전쟁을 벌이면서 '순한글'을 쓰기 위해 노력해 왔는데 일본은 왜 그렇지 않을까요? 우리의 시각으로 보면 한자나 한자어를 쓰는 것은 사대주의에 물든 것인데 이들은 아직도 사대주의에 빠져 있는 것일까요? 한자를 써 놓고 음과 훈 모두로 읽으면 헷갈릴 수밖에 없는데 애초에 읽는 방법대로 일본의 고유문자인 가나로 표기해 놓으면 되지 않을까요?

문자는 쓰기 위한 것이라 생각하지만, 아닙니다. 쓰는 것 또한 누군가 읽기 위한 것이니 문자는 궁극적으로 읽기 위한 것이죠. 한자는 배우기도 어렵고 쓰기도 어렵지만 일단 익히면 읽기가, 더 정확하게 말하면 글자를 보고 뜻을 파악하기가 쉽습니다. 우리는 문자를 보고 소리로 바꾼 뒤 뜻을 떠올리는 것이 아니라 보자마자 뜻을 파악하니 이 면에서는 한자가 최고이죠. 일본어를 일본의 문자인 가나로만 써놓으면 누구나 소리 내어 읽기는 편합니다. 그러나 일본어의 특성상 그 길이는 길어질 수밖에 없고 뜻을 파악하기는 어려워집니다. 상황이 이러하니 일본어 표기에서의 한자는 필수 불가결인 것이기도 하죠.

한자에 대한 사랑이 깊은 이들은 여전히 한자를 쓰고 있는 일본의 사례를 들어 우리도 써야 한다고 주장합니다. 한자를 알면 '금일 우천시 중식 미정'을 금요일에 우천시에서 미정이와 중국 음식을 먹는다고 오해하지 않을 것이라 말합니다. 그러나 언어나 문자는 필요에 의한 선택이지 강요가 아닙니다. 한글로만 써도 읽고 뜻을 파악하기에 충분하니 한글만 쓰는 것입니다. 한자를 쓰지 않아도 되는 우리가 어쩔 수 없이 한자를 쓰는 일본의 선택을 따를 필요는 없습니다. 한자어를 잘 모르는 세대에게 안내하고자 한다면 그들이 이해할 수 있는 어휘와 표현을 한글로 쓰면 됩니다.

엉터리 외래어에 대한 단상

> 독특한 일본의 외래어 표기,
> 일본어의 특성과 일본인의 언어 습성이 반영된 것

도쿄에서는 '비루'에 가서 '비루'를 마십니다. 우리는 '빌딩'이라 하지만 일본에서는 엉터리 발음인 '비루딩구(ビルディング)'도 모자라 '비루(ビル)'로 줄여 쓰고 말합니다. '麦酒(맥주)'라 쓰고 '바쿠슈(ばくしゅ)'라고 읽으면 될 텐데 촌스럽게 '비루(ビール)'라고 쓰고 말합니다. 우리 같으면 엉터리 발음과 표기에 부끄러워하며 각각 '건물'과 '맥주' 혹은 '보리술'로 바꾸자고 할 텐데 일본에서는 아무렇지도 않게 씁니다. 서양 말이 바다 건너

와서 고생한다고 비아냥거릴 만도 한데 이들은 그런 자의식이 없는 것일까요? 외래어를 너무 많이 쓰는데 그것마저 영 엉터리예요.

한자나 외래어에 대한 우리의 태도는 우리가 겪은 아픈 역사와 관련이 깊습니다. 대륙의 여러 나라로부터 침략을 당하고 사대를 강요받다가 19세기 말부터 20세기 중반까지는 먼바다와 가까운 바다를 건너온 이들에게 침략과 지배를 받았습니다. 이 상황에서 우리의 말과 글을 지키는 것은 곧 겨레의 얼을 지키는 것이자 국가의 독립을 위한 운동이기도 했습니다. 그러니 우리의 말과 글이 아닌 한자와 한자어, 일본어, 서양어를 배격할 수밖에요. 우리 말과 글이 있었기에 민족정신을 지켜왔고 이를 지키기 위한 노력 덕에 우리의 고유성을 유지해 올 수 있었죠.

그런데 일본은 다릅니다. 일찍부터 문을 열고 네덜란드어에서 술 이름 '비루'를 받아들였고, 영어에서도 높은 건물을 뜻하는 '비루'를 받아들였죠. 서양의 문물이 물밀 듯이 밀려올 무렵에는 한자를 이용해 수없이 많은 한자어를 만들어 동아시아 세 나라가 공유할 수 있도록 했습니다. 요즘에도 자유롭게 외래어를 받아들여 길면 자르고, 필요하면 서로 붙여서 새로운 단어를 만들고 있습니다. 그렇다고 민족정신이 말살되거나 사대사상이 고취되는 것은 아닙니다. 필요에 따라 만들고 쓰기 좋도록 변형합니다. 그렇게 해서 부족한 일본어를 채워 나가고 있을 뿐입니다.

세상이 바뀌었습니다. 일본의 지배에서 벗어난 지 70년이 넘었고 지구상의 모든 나라로 갈 수 있는 세상이 되었죠. 눈과 귀로 세상의 모든 언어와 문물을 접할 수 있는 시대가 되었습니다. 이 시대에 우리는 세계 순위에서 열 손가락을 조금 넘는 경제력과 한국어 사용자를 가지고 있으며 접두사 'K'가 붙는 온갖 문화상품을 전 세계로 내보내고 있습니다. 더는 과거의 경험에 위축될 필요가 없는 시대에 살고 있습니다. 그리고 새로운 세계를 경험하며 커왔고 앞으로 세계 무대에서 활동할 젊은이들이 커가고 있습니다. 이들에게는 한국어가 모국어이지만 영어가 세계어이고 각지의 언어가 생활어가 될 수 있습니다.

도쿄의 젊은이들 사이에 '교푸사루'가 인기입니다. '유케'와 '나무루'도 '힙한' 음식으로 자리 잡고 있습니다. 발음해 보면 알 수 있듯이 '삼겹살' '육회' '나물'입니다. 일본의 처지에서 보면 이러한 외래어는 이전의 것과 결이 다르지만 달리 보면 그저 외래어의 하나일 뿐입니다. 그들은 이런 외래어를 문제라 생각하지 않습니다. 오늘을 사는 우리의 젊은이들도 이와 마찬가지이죠. 우동과 짬뽕은 스파게티나 스테이크와 같은 외래어의 하나일 뿐이지 일본어에 뿌리가 있어 무조건 배척해야 할 말은 아닙니다.

일본은 언어와 문자의 속성과 한계 때문에 어쩔 수 없이 한자를 쓰고 엉터리 같은 외래어를 쓰지만 이는 그들의 언어 현실에 맞는 자연스러운 결과입니다. 이를 감안하면 우리는 한자를 쓰지 않아도 돼 한자를 모르는 세대, 일본에 대한 나쁜 기억이 없으니 일본은 그저 외국 중 하나라는 생각을 가진 세대에게 문자, 말, 표현에 대해 강요할 필요가 없습니다. 이들에게 '계란, 야채, 게양, 사양' 등은 일본식 한자어이기 때문에 쓰지 말아야 한다고 우길 이유도 없습니다. 그것이 여러 세대가 어울려 成田 공항에 도착해 셔틀버스를 타고 Tokyo를 같이 여행하는 방법이죠.

일본의 젊은이들 사이에서 인기를 끌고 있는 '교푸사루', 우리말 '삼겹살'이 변한 것이지만 채소에 싸 먹는 고기 요리를 가리키므로 뜻도 바뀌었습니다.

중국집의 메뉴, 요리의 이름을 보면 한자어, 중국어, 중국어 방언, 한국식 발음 등이 뒤섞여 말 그대로 '짬뽕'입니다. (일러스트 ⓒ 김상민)

[04]

중국집의 짬뽕어

깐풍기 · 마라탕 · 경장육슬,
알면 알수록 '짬뽕'인 중국집 메뉴판

우리 한자음대로 읽는 '동파육', 산둥 방언 묻어나는 '유린기'
중국 음식 이름은 말 그대로 재미있는 '짬뽕'

'관(館), 루(樓), 각(閣), 성(城), 원(園·院), 장(莊), 춘(春), 반점(飯店)'이 접미사처럼 붙는 음식점이 있습니다. 한자로 적고 읽어야 뜻이 잘 들어오니 한자의 원산지인 중국과 관련이 있다는 것을 누구나 압니다. 중국에서 기원한 음식을 취급하니 합당한 이름을 붙여줘야 하는데 우리의 입에 가장 잘 붙는 것은 '중국집'이죠. 처음에는 '청요리집'으로 불리다가 '중식당' '중화요리집' 등으로 불리기도 하지만 역시 중국집이 가장 익숙합니다. '양식집'과 '일식집'을 고려하면 '중식집'으로 불려야 하지만 우리는 그리 안 합니다. 음식점을 운영하는 화교들이 그 집에 살기도 해서 이런 이름이 붙었다는 설도 있고, 정작 음식점을 운영하는 화상(華商)들은 이렇게 불리는 것을 싫어한다지만 어쨌든 중국집입니다.

이 중국집에 가서 메뉴판을 살펴보면 말 그대로 잡탕 혹은 짬뽕을 발견하게 됩니다. '동파육(東坡肉)'은 우리의 한자음으로 읽은 것이 확실한데 '깐풍기(乾烹鷄)'는 정체불명이죠. 중국집의 대표 메뉴인 '짜장면(炸醬麵)'은 중국어식 발음과 표기를 두고 수십 년간 논쟁을 벌여왔습니다. '짬뽕'과 '우동'은 분명 중국집의 메뉴인데 한자로는 표기할 수 없습니다. 여기에 최근에 중국에서 온 이들이 중국 현지의 음식을 파는 식당이 더해지는데 이런 음식점들은 중국집이라 불리지 않습니다. 이들은 '마랄탕(麻辣燙)'과 '마랄향과(麻辣香鍋)'를 '마라탕'과 '마라샹궈'라는 이름으로 팔고 '경장육사(京醬肉絲)'를 '경장육슬'이란 이름으로 팝니다. 이런 복잡다기한 이름은 우리말 속의 한자어, 귀화어, 중국어의 다양한 모습을 보여줄 뿐만 아니라 한자 학습의 미래까지 생각게 합니다.

동파육과 팔보채, 정통 한자와 한자어

> 중국의 요리이니 이름도 중국이 원산지인 한자로 지어져, 전통적인 중국 요리 이름의 상당수는 한자어

중국집 메뉴는 비교적 싼 값에 배를 채울 수 있는 '식사부'와 비싼 돈을 내고 맛을 즐길 수 있는 '요리부'로 구별됩니다. 요

리 쪽의 메뉴를 보면 동파육과 팔보채 등이 보이는데 이는 정통 한자와 한자어로 이해할 수 있는 이름이에요. '동파육'은 한자로는 '東坡肉'이라 쓰는데 고기 요리이니 한자 '肉'과 통하기는 하는데 '東坡'는 뜻이 전혀 통하지 않습니다. 이 요리의 유래는 송나라 시인 소동파(蘇東坡)를 알아야 하니 한자와 한문 공부를 어느 정도 해야 요리 이름의 맛도 즐길 수 있습니다. 그러나 '팔보채(八寶菜)'는 한자만 알아도 그 요리의 정체를 파악할 수 있습니다. 말 그대로 여덟 가지의 귀한 재료로 만든 음식이고 여기에 쓰인 '菜'는 본래 나물을 뜻하지만 그 뜻이 넓어져 음식 자체를 가리키는 말로도 쓰인다는 정도의 한자 지식이 있으면 됩니다.

   이렇듯 한자 자체로 중국집의 요리를 가늠할 수 있게 된 것은 삼국시대에 전해진 한자 덕분입니다. 한자와 이를 바탕으로 만들어진 단어인 한자어는 우리의 언어생활에 많은 변화를 가져다주었죠. 한자는 본래 글자 하나가 곧 단어이니 한 음절로 그 뜻을 나타낼 수 있어 새로운 단어를 만들기가 매우 쉽습니다. '民(백성 민)'과 '家(집 가)'를 합치면 '民家'가 되고 한자를 아는 이들은 그 뜻이 금세 파악됩니다. '民'이 앞에 붙은 '民族' '民心' '民主' 등도 한자의 뜻을 헤아려 보면 뜻을 파악할 수 있습니다. '家'가 뒤에 붙은 '農家' '廢家' '歸家' 등도 마찬가지입니다. 고유어로도 이런 뜻을 나타내는 단어를 만들 수 있지만 길이가 길어질 수밖에 없고 '농사꾼의 집'이나 '집으로 돌아가다'와 같은 구로 표현해야 하니 한자어는 여러모로 편리하죠.

한자어의 조어력이 엄청난 힘을 발휘한 것은 근대 이행기였죠. 새로운 사물과 개념이 생기면 그에 따라 새로운 글자를 만들어야 했지만 한자는 어느 순간 이를 포기하고 기존의 글자를 조합해 새로운 단어를 만들게 됩니다. 서구의 문물과 사상이 물밀 듯이 밀려오는 시점에서는 더더욱 이 방법이 필요하죠. 이 시점에 본래 번개를 뜻했던 '電(번개 전)', 배운다는 뜻의 '學(배울 학)'과 같은 글자들은 엄청난 조어력을 보입니다. '전기' '전자' '전력' '전압' 등과 같이 끊임없이 확장하며 단어를 만들 수 있었고 '전화기' '전신주' '전자기' 등으로 더 확장될 수 있었죠. 새로운 학문은 '수학' '과학' '물리학' 등으로 받아들여졌고, 그것을 연구하는 이는 '수학자' '과학자' '물리학자'로 표현하면 되니 무궁무진한 조어가 가능하죠.

깐풍기와 짜장면, 중국어의 유입과 귀화

> 닭요리 이름의 '기'는 중국 산둥성의 중국어 방언에서
> '짜장면'은 인천의 중국 식당에서 유래

요리부의 깐풍기는 주의 깊게 보아야 합니다. 한자로는 '乾烹鷄'로 쓰니 우리의 한자음대로 읽으면 '건팽계'가 되어야 합니다. 그런데 이것은 중국어식으로 읽어야 합니다. 그렇다면 '간펑지(ganpengji)'가 되어야 하는데 뭔가 이상하죠. 앞의 두 음절도 이상하지만 마지막 음절은 닭을 재료로 한 '기스면(鷄絲

麵)' '유린기(油淋鷄)' 등에서 모두 '지'가 아닌 '기'로 나타납니다. 이는 중국어이기는 하되 산둥 지역의 방언 발음으로 읽었기 때문이죠. 중국의 의화단 사건 이후에 산둥 지역의 중국인들이 가까운 한반도로 대거 건너왔고 그들 중 상당수가 음식점을 운영하다 보니 이들의 방언으로 음식 이름이 굳어진 것입니다.

더 사정이 복잡한 것은 짜장면입니다. 이 음식은 밀가루와 콩으로 만든 장(醬)과 각종 재료를 볶아서 만든다는 의미에서 '작장면(炸醬麵)'이란 이름이 붙여졌죠. 그런데 이것이 중국 본토의 음식이라기보다는 인천 지역에 자리를 잡은 화교들이 부두 노동자를 위해 개발한 것이니 우리도 처음부터 이들의 발음을 따라 이 음식을 부르기 시작했습니다. 따라서 원칙적으로는 '자쟝몐(zhajiangmian)'이 되어야 합니다. 그런데 중국인들의 '炸醬' 발음이 우리 귀에는 '짜장'으로 들리고 익숙한 한자 '麵'은 '면'으로 발음하기 때문에 자연스럽게 '짜장면'이 됐습니다. 외래어 표기나 발음에 관한 규정보다 이 음식과 그 이름이 먼저 정해지고 퍼졌기 때문에 규정에 따른 '자장면'과 오랜 기간 치열한 싸움을 빌이다 결국 '짜장면'과 '자장면' 모두 인정되기에 이르렀습니다.

이런 것들은 한자에 기반을 두었지만 우리의 한자음이 아닌 중국어의 발음으로 받아들이고 그 이후에 변화되어 우리말의 일부가 된 단어와 유사하죠. '김치'는 '침채(沈菜)'가 기원인 것으로 보는데 '김치'가 우리 고유의 음식으로 인식되듯이 김치 또한 본래 한자어가 아닌 것처럼 인식됩니다. '배추'는 '백채(白菜)'가 아니라 중국식 발음에 따라 '배추'로 수용되었으며 '시금치' 또한 '적근채(赤根菜)'의 중국식 발음대로 받아들여진 뒤 변하여 오늘에 이르고 있습니다. '대패'는 본래 '퇴포(推鉋)'였는데 중국식 발음으로 받아들이다 보니 우리의 한자음과는 너무 멀어져 버렸습니다. '조리'는 본래 중국어로는 '자오리'로 발음되는 '조리(笊籬)'인데 마치 고유어처럼 인식됩니다. 이러한 단어들은 '귀화어(歸化語)'로 분류하기도 하는데 이 땅에 건너와 함께 살지만 우리가 때로는 이방인 취급을 하기도 하는 중국집의 주인들 화교(華僑)와 유사하죠.

마라샹궈와 경장육슬, 새로운 중국어의 유입

> 한·중 수교 이후 건너온 중국인이 운영하는 음식점의 새로운 메뉴에서는 더 복잡한 양상이 나타나

채소와 고기를 맵고 알싸한 양념으로 볶아낸 마라샹궈와 고기를 실처럼 가늘게 썰어 조리한 후 전병에 싸서 먹는 경장육슬, 최근에 들어온 중국 요리의 이름은 한자어, 중국어, 중국어 방언 등이 더 다양하게 뒤섞여 있습니다. 중국 음식을 팔되 중국집으로 불리지는 않는 음식점이 있습니다. 한·중 수교 이후에 이 땅으로 온 중국 동포나 중국인들이 운영하는 음식점이죠. 이들은 양꼬치나 마라탕을 전문적으로 취급하기도 하고 여러

종류의 중국 음식을 팔지만 한국화된 중국 음식을 팔던 이전의 중국집과는 달리 '진짜 중국 음식'을 팝니다. 본래 중국에서 살던 이들을 대상으로 하기도 하니 메뉴판도 간체자로 쓰여 있는 경우가 많고 한글로 적더라도 번역이 아닌 중국어 발음 그대로 적습니다. 양꼬치와 마라탕 전문점에서도 다른 요리를 취급하기도 하는데 이 또한 중국집에서 먹던 것과는 다릅니다.

'양꼬치'와 '마라탕'은 묘한 대조를 이룹니다. 양꼬치는 중국집의 전통적인 메뉴가 아니라 꽤 늦게 들어온 음식이고 '羊肉串'으로 쓰니 우리의 한자음인 '양육관'이나 중국어식 발음인 '양러우촨'으로 해야 하지만 '볶음밥'과 마찬가지로 완전히 번역해서 씁니다. 반면 마라탕은 '麻辣燙'이라 쓰니 우리의 한자음대로라면 '마랄탕'이 되어야 하지만 중국어 발음대로 쓰고, 이는 '마라샹궈(麻辣香鍋)'도 마찬가지입니다. 이런 집에서는 탕수육과 비슷한 '锅包肉'도 '과포육'이 아닌 '꿔바러우'로 팝니다. 땅에서 나는 신선한 재료 세 가지로 만든 '地三鲜'은 중국어식 발음 '디산시엔'이 '삼선짜장'에 익숙한 이들의 발음인 '지삼선'과 경쟁하고 있습니다. 여전히 우리의 한자음이 개입되기도 하지만 점차 중국어의 발음으로 대체되는 경향입니다.

이런 상황에서 고기를 실처럼 가늘게 썰어 조리한 후 전병에 싸서 먹는 '경장육슬'은 매우 흥미롭습니다. '京酱肉絲'라고 쓰니 '경장육사'라고 하든가 '진쟝러우스'라고 해야 하는데 마지막 글자만 중국어로, 그것도 우리말로 치면 'ㄹ'을 받침으로 붙이는 소위 '얼화(儿化)'가 적용돼 '슬'이 됩니다. 이미 '유산슬(溜三絲)'에서도 나타난 것이긴 하지만 이제는 중국어의 발음 습관까지 반영된 이름이 쓰이고 있는 것이죠. 이는 해삼과 돼지고기에 소스를 얹은 음식인 '하이선저우쯔(海參肘子)'를 '해삼쥬스'라 하고, 돼지고기를 다져 둥글게 튀긴 '난젠완쯔(南煎丸子)'를 '난자완스'라고 하는 것과는 다릅니다. 이제는 중국 현지의 발음이 있는 그대로 들어와 반영되는 상황을 보여주는 것이죠.

짬뽕과 짬뽕어, 그리고 새로운 한자

> 짬뽕은 일본에서 개발된 중국 요리
> 우동은 중국 음식 '혼돈(餛飩)'이 변형된 요리

짬뽕과 우동은 중국집의 기본 메뉴이기는 하나 중국 음식이 아닙니다. 짬뽕은 일본 나가사키의 화교가 중국인 노동자들을 위해 개발한 음식이 이 땅에 들어와 변형되고 발전된 것이죠. 그래서 짬뽕은 중국에서는 '한식 초마면(韩式炒码面)'이란 이름으로 소개됩니다. 우동은 그 이름이 중국의 물만두인 '혼돈(餛飩)'에 기원을 두고 있지만 일본에서 개발된 만큼 일본 음식으로 여겨집니다. 그런데 중국집에서 해산물과 채소를 볶은 것에 국물과 국수를 넣은 다루멘(打滷麵)과 비슷하게 조리한 후 우동이란 이름으로 파는 것이죠.

이리 보면 중국집은 취급하는 음식부터 그 음식의 이름까지 '짬뽕의 짬뽕'입니다. '짬뽕'은 이 음식이 소개되기 훨씬 전인 1930년대에도 여러 가지가 뒤섞인 것을 가리키는 말로 쓰였죠. 20세기 초부터 소개되기 시작한 청요리는 이 땅의 음식과 짬뽕이 되면서 한국식 중화요리가 되었습니다. 그 음식의 이름은 모두 한자로 적을 수 있으니 우리의 한자음 발음과 중국식 발음이 짬뽕이 되었죠. 이러한 과정은 한자가 이 땅에 전해지고 한자어가 널리 퍼져나간 상황과 유사합니다. 중국집 덕에 우리가 선택할 수 있는 음식의 폭이 넓어졌듯이 한자어가 우리말의 중요한 한 부분을 차지하게 되었습니다. 그리고 이 땅으로 이민 온 중국어 중 일부는 우리말로 귀화해 중국어인지 알 수도 없는 상황이 되었죠.

이 시점에서 한자와 한자어, 그리고 중국어를 다시금 돌아보게 됩니다. 한자는 동아시아 세 나라가 공유해 오면서 매우 중요한 역할을 했죠. 그러나 한자가 필수가 아닌 우리는 한자 교육을 소홀히 하면서 한자가 점차 쓰이지 않게 되고 한자어에 대한 이해도도 떨어지게 되있습니다. 중국에서는 표기의 편리를 위해 이전의 한자와는 다른 간체자를 고안해 이제는 전면적으로 쓰고 있습니다. 미래 세대는 한자를 배워야 할까요? 배운다면 이전의 번체자를 배워야 할까요 아니면 중국의 간체자를 배워야 할까요? 간체자로 쓴 중국어는 우리의 한자음으로 읽어야 할까요, 아니면 중국어식 발음으로 읽어야 할까요? 중국집의 변모 과정을 지켜보면서, 바뀌는 음식 메뉴와 변해 가는 이름을 곱씹어보면서 한 번쯤은 생각해 볼만한 문제이죠. 중국집의 짬뽕과 짬뽕어는 그래서 맛과 의미가 깊습니다.

(왼쪽 위부터) 소동파가 즐겨 먹었다고 해서 유래된 이름의 동파육(東坡肉)과 여덟 가지 귀한 재료로 만들었다 해서 이름이 붙여진 팔보채(八寶菜).
토막 낸 닭고기에 녹말을 묻혀 튀겨낸 깐풍기(乾烹鷄)와 인천의 중국집에서 춘장을 볶아 만든 짜장면(炸醬麵).
채소와 고기를 맵고 알싸한 양념으로 볶아낸 마라샹궈와 고기를 실처럼 가늘게 썰어 조리한 후 전병에 싸서 먹는 경장육슬.
일본 나가사키의 중국 음식점에서 개발된 짬뽕과 중국에서 건너간 음식이 변형된 것이지만 일본 고유의 음식으로 여겨지는 우동.

함께 산에 길을 내고 바다에 다리를 놓을 한국학의 동반자들. 10년간의 BK와 HK 사업 지원으로 해외 교수 60여 명을 배출해 냈습니다.

[05]

한국학 국제학술회의에 가다

산 넘고 물 건너는 한국어

> 한국어로만 소통하는 국제학술회의,
> 불가능할 것 같지만 한국학 분야에서는 가능

방가방가! 한국어가 국제어가 될 수 있을까요? 세계 각지의 사람들이 모인 자리에서 모두가 한글로 쓴 글을 읽고 오로지 한국말로 의사소통을 할 수 있을까요? 세계 각지의 사람들이 모여서 진행하는 국제학술대회에서 이렇게 인사를 해도 되는 것일까요? 그런데 이것이 현실이 되었습니다. 중국, 일본, 베트남, 인도네시아에서 한국어와 한국 문화에 관심을 가진 이들이 '한국학' 관련 국제학술대회를 열었습니다. 대학 졸업 후 대한민국 인천 소재의 한 대학으로 유학 와 학위를 받고 돌아간 이들 중 60여 명이 각 나라 대학의 교수가 되었습니다. 이들 중 20명이 모교의 개교 70주년을 기념해 한국학 국제학술대회를 개최했죠. 이 자리에서 이들은 오로지 한국어로 읽고 쓰고 말합니다.

  참가자 중의 하나가 인도네시아에서 온 나자루딘, 2010년에 개봉한 영화 「방가방가」에서 '라자' 역을 맡았던 배우, 그러나 지금은 인도네시아 국립대학의 교수로서 이렇게 인사합니다. 그가 한국을 떠나 있던 지난 15년의 세월이 이것을 가능하게 만들었죠. 한국어로 인사해도, 이렇게 한국인 중 일부만 쓰는 말로 인사해도 전 세계의 사람들이 알아들을 수 있는 시절이 됐습니다. 이런 흐름을 만들어 낸 것은 우리 문화의 최전선에 선 이들이었지만 그 뒤에서 연구하고 그것을 세계에 알린 이들의 몫도 컸습니다. 특히 이 땅에 들어와 공부하고 자신의 땅에 돌아가 한국학과 한국 문화를 알린 이들이 바로 그 주인공이기도 합니다.

동아시아한국학과 아시안 하이웨이

> 동아시아 속의 한국학, 동아시아인이 함께 연구하는 한국학은 20여 년 전부터 활발히 전파되기 시작

이 땅에 사는 우리에게는 국경이 없습니다. 이웃집 드나들 듯 걸어서도 다른 나라를 오갈 수 있는 유럽과 달리 우리의 국경은 넘으려면 깊은 물에 빠지거나 총알이 빗발치는 그런 것밖에 없습니다. 그렇다 보니 외국은 멀고 외국어는 낯설어 우리

의 언어, 문학, 역사, 철학에 대한 연구와 교육은 좁은 우물 안에 갇히기 십상이죠. 그러나 일찍이 '동아시아한국학'을 표명하며 국내외의 학자들이 모여 연구와 교육에 매진한 결과 한국학의 새로운 세계가 열렸습니다. 학술대회에 참여한 이들 또한 동아시아한국학을 공부한 이들인 동시에 이제는 동아시아한국학 관련 교육과 연구를 이끌어가는 이들입니다.

이들의 관심은 '에초티'와 '욘사마'로부터 시작되었죠. 우연히 접하게 된 노래와 드라마가 한국에 대한 관심을 불러일으켰고 결국 그 관심을 따라 용감하게 한국행을 결심한 것입니다. 이들의 시작은 한국의 노래와 드라마였지만 이들이 다다른 종착점은 동아시아의 언어, 문학, 철학, 역사, 문화였습니다. 새로운 언어를 배우는 것만으로도 벅찰 텐데 이들은 이 언어를 바탕으로 한국인들도 어려워하는 학문 세계에 깊이 빠져든 것이죠. 그리고 서로의 언어와 문화를 엮어 한국, 중국, 일본, 베트남, 인도네시아를 연결하고 교류하면서 동아시아한국학을 완성해 왔습니다.

이들의 발걸음은 동아시아에만 국한된 것이 아니었습니다. 석사학위를 받은 나자루딘 교수는 인도네시아로 돌아간 뒤 다시 네덜란드 유학길을 택했습니다. 그러고는 소수민족 언어에 대한 연구로 박사학위를 받고 인도네시아로 돌아온 뒤 지금은 인도네시아 여러 섬의 소수민족 언어에 대해 연구를 하고 있습니다. 한류가 동아시아에 퍼질 무렵에 한국에 온 이들이 고국에 돌아가 활동하는 동안 한류는 어느새 전 세계로 퍼져 나가고 있었는데 나자루딘 교수의 행보가 그것을 말해 주기도 합니다. 낯선 한국 땅에서 보고 듣고 경험한 것, 그리고 연구한 것이 세계로 진출할 힘이 된 것이죠.

이들의 동아시아한국학 관련 발표를 듣다 보면 자연스럽게 학문의 아시안 하이웨이를 떠올리게 됩니다. 경부고속도로를 달리다 보면 보이는 '아시안 하이웨이'는 아시아 전역을 잇는 고속도로이지만 한반도의 북녘땅이 막혀 있는 지금에는 의미가 없습니다. 그러나 유라시아는 하나의 대륙이고 육로를 통해 어디든 갈 수 있습니다. 트럼프와 북·미 회담을 하기 위해 기차로 하노이까지 간 김정은 위원장의 여로에서 알 수 있듯이 한반도와 중국, 그리고 베트남과 인도네시아는 육로로 연결된 땅, 그리고 가까운 섬이죠. 일본을 포함해 이 모든 나라가 한국어와 한국 문화로 하나가 될 가능성은 늘 열려 있습니다.

트랜스 랭귀지와 코드 스위칭

영화 「방가방가」 출연했던 발표자
인도네시아 K팝 팬들 SNS 분석

나자루딘 교수의 발표는 한국어와 한국 문화에 대해 시사하는 바가 매우 컸습니다. 발표 주제는 인도네시아 K팝 팬들의 소셜미디어에서 나타나는 코드 스위칭 양상입니다. 그의 발표는 인도네시아를 떠나 한국을 거쳐 네덜란드에 이르기까지의 여정을 잘 보여줍니다. 동서양을 주유하던 그의 학문적 이력을 따라 발표도 한국어, 인도네시아어, 영어를 넘나들며 말 그대로 '트랜스 랭귀지(Trans Language)'와 '코드 스위칭(Code Switching)'의 전형을 보여줍니다.

공용어인 바하사 인도네시아가 있지만 수만 개 섬으로 이루어져 언어 지형이 매우 복잡한 인도네시아는 다언어 국가일 수밖에 없습니다. 한 언어를 쓰다 다른 언어를 쓰는 언어 전이와, 그리고 한 맥락 또는 한 문장에서 여러 언어의 어휘와 표현이 뒤섞이는 부호 전환이 자연스럽게 나타납니다. 이들이 K팝을 접하게 되면서 인도네시아어는 물론 한국어와 영어, 그리고 인도네시아어처럼 바뀐 한국어가 사용되는 양상은 그 자체만으로도 매우 흥미로운 이야기이죠. 우리의 '오빠(Oppa)'와 '언니(Eoni)'는 인도네시아어와 함께 자연스럽게 쓰이며 '대박(daebak)'과 '짱(jang)'은 물론 방탄소년단 '슈가(Suga)'의 철자를 거꾸로 써 인도네시아 사람처럼 보이게 하는 '아구스(Agus)'도 굳어졌습니다.

그런데 이 발표를 들으며 문득 '고려가요를 부르는 방탄소년단'의 이미지가 떠오릅니다. "청산에 살어리랏다"라고 노래하다 뜬금없이 '얄리얄리얄랑셩'을 반복하는, 가신 님에 대한 서러움을 노래하다 갑자기 "위 증즐가 태평성대(太平聖代)"를 외치는 그 고려가요를 방탄소년단이 부른다고요? 방탄소년단뿐만 아니라 아이돌들이 부르는 노래에 대한 시각은 결코 곱지 않습니다. 꼬장꼬장한 이들의 시각에서 보면 맥락 없이 주저리주저리 늘어놓는 듯한 가사, 시도 때도 없이 튀어나오는 '알라뷰'와 '베이비'가 좋게 들릴 리가 없습니다. 그런데 어쩌지요? 이런 가사의 노래가 전 세계를 휩쓸고 있으니 말이에요.

생각해 보니 언어에 대한 '꼰대'들의 생각이 틀렸습니다. 트랜스 랭귀지와 코드 스위칭이 없었으면 과연 K팝이 이 정도의 인기를 누릴 수 있었을까요? 오로지 우리말로 우리만 알 수 있는 정서를 담아 재미없게 가사를 쓰고 느려터진 리듬에 뻔한 멜로디에 얹었으면 세계인들의 마음을 사로잡을 수 있었을까요? '얄리얄리얄랑셩'처럼 의미를 알 수 없는 후렴구가 노래의 맛을 살린 반면 뜬금없는 '태평성대'가 노래의 맛을 죽이지 않았습니다. 마찬가지로 찰떡의 소처럼 촘촘하게 박힌 저런 가사들이 트랜스 랭귀지와 코드 스위칭의 기능을 하며 자연스럽게 세계인의 가슴을 움직인 것이죠.

산을 넘고 물을 건너는 법

> K팝 가사 속 '알라뷰' '베이비',
> 꼰대의 시각으로만 봐선 안 될 것

국제학술대회의 또 다른 백미는 동아시아한국학의 문을 연 원로 교수의 특강이었습니다. 강의의 제목은 봉산개로우수첩교

(逢山開路遇水疊橋), 동아시아의 공통 문자로 된 제목이기에 참가자 모두가 '산을 맞닥뜨리면 길을 열고 물을 만나면 다리를 놓는다'는 뜻을 자연스럽게 파악할 수 있습니다. 적벽대전에서 패한 조조 일행이 달아나는 길마저 산과 물에 막혀 좌절할 때 조조가 한 말이죠. 그리고 힐러리 클린턴이 국무장관 시절에 중국 대표와 협상하다 교착 상태에 이르렀을 때 한 말이기도 하죠.

한국어와 한국학은 늘 산을 맞닥뜨리고 물을 만나왔습니다. 유라시아 대륙의 동쪽에 붙은 자그마한 반도에 국한된 영토, 많지 않은 인구에 수없이 많이 겪은 침략의 역사는 상존하는 산과 물이었습니다. 20세기 초반 35년간 경험한 일제의 지배, 1950년에 시작돼 3년간 지속된 혹독한 전쟁, 그리고 그 이후의 아슬아슬한 분단 상태, 뭐 하나 순탄할 것이 없는 역사의 연속이죠. 세계에서 열두 번째 혹은 열세 번째의 사용자 수를 가진 한국어이고, 세계 10위권의 경제력에 바탕을 둔 한국 문화라지만 주류의 언어와 주도적인 문화가 되기에는 역부족으로 보였죠.

그럼에도 불구하고 산을 넘고 물을 건너려는 시도는 끊임없이 이어져 왔습니다. 한국어학을 비롯한 한국학, 그리고 한국 문화를 알리려는 학계의 노력은 눈물겨울 정도였죠. 한국학이 가장 발달한 나라는 당연히 한국이고 이 나라 최고의 학자가 한국학 분야의 최고인 것은 당연하기도 하죠. 그런데 이것을 세계에 알리려면 그들의 언어로 논문과 책을 써야 하지만 한국학 연구자들에게는 벅찬 일이었습니다. 한국어와 한국학이 산을 넘고 물을 건너 세계 속으로 가기 위한 길과 다리는 노력에 비해 미미할 수밖에 없었죠.

삽과 망치에 불과할 수밖에 없었던 이들의 길 내기 작업에 중장비를 이용한 듯한 효과가 나기 시작한 것은 순전히 우리의 문화적 저력에 바탕을 둔 이들의 노력 덕분이었습니다. 우리의 노래, 드라마, 영화가 전 세계에 알려지기 시작하면서 한국어와 한국 문화에 대한 관심이 자연스럽게 높아지기 시작했습니다. '에쵸티'와 '욘사마'의 매력에 빠져 한국에 관심을 갖게 되고 그것이 계기가 되어 한국학 연구자가 된 이들이 생겨났죠. 이들이 귀국해서는 방탄소년단과 블랙핑크에 대해 논하고 「오징어 게임」과 「기생충」에 대해 연구하기도 합니다. 산을 통과하는 터널이 뚫리고 물을 건너는 대교가 건설되는 순간이죠.

이번 학술대회 참가자 중 상당수는 7년간의 BK 사업과 9년간의 HK 사업 수혜자들입니다. 차례로 대학원생과 인문학연구 지원 사업인데 사업 수행 과정에서는 국민의 세금이 외국인을 지원하는 데에 쓰이는 것에 대한 뒷말이 많았습니다. 그러나 짧은 기간의 지원이었지만 60여 명의 길과 다리가 해외에 닦이고 놓인 것을 생각하면 그 수혜 대상에 국경을 가릴 이유가 없어 보입니다.

한국어와 한국학의 앞에 여전히 산과 물이 보입니다. 한국 문학의 번역이 전무하다시피 하던 일본에서 비교적 많은 번역 시도가 이루어지고 있지만 그것의 확산은 아직 갈 길이 멉니다. 한·중 관계가 경색되면서 중국의 한국학 관련 붐이 식어 중국 유학생이 급감하고 있습니다. 베트남과 인도네시아, 나아가 동유럽으로의 확장을 통해 진정한 한국학의 아시안 하이웨이를 완성하고자 하는 노력을 기울이고 있으나 그에 대한 지원은 미미하죠. 그러나 한국어로 의사소통이 가능한 이러한 연구자들은 여전히 산을 넘고 물을 건너고 있습니다.

　나자루딘 교수의 귀환은 한국어와 한국학의 새로운 길을 제시하기도 합니다. 중국의 시장이 거의 닫혀 가고 있죠. 한국어와 한국학 연구자 및 교육자가 이미 넘쳐나니 새로운 수요가 없고 그에 따라 이 땅에 공부하러 오는 학생도 거의 사라졌다는 뜻입니다. 그러나 베트남을 비롯한 동남아시아의 시장이 열리고 있습니다. 우즈베키스탄을 비롯한 중앙아시아, 그리고 동유럽의 시장이 열리고 있죠. 한국어와 한국 문화는 가까운 곳, 즉 중국과 일본에 먼저 가 닿았지만 이제는 그보다 먼 곳을 바라볼 때입니다. 미국과 서유럽 등 문화와 경제적 여유가 넘치는 지역에서 적극적으로 받아들였지만 그렇지 않은 곳의 수요도 개척될 때입니다.

　나자루딘 교수를 비롯한 모든 참가자들은 약속합니다. 짧은 귀환이지만 각자의 나라에 돌아가서도 이제까지 그래왔듯이 앞으로 한국어와 한국 문화를 알리는 역할을 하겠다고요. 더 나아가 그것을 더욱 깊고 넓게 하는 데 도움이 되겠다고요. 20년 뒤에 다시 국제학술대회를 연다면 어떤 모습일까요? 참가자의 상당수가 환갑 즈음일 것입니다. 그러나 그보다 더 많은 수의 젊은 연구자들이 채워지길 기대합니다. 그것이 산을 넘고 물을 건너는 한국어가 영원할 수 있는 길이기도 합니다.

(위) 영화 「방가방가」에 출연했던 나자루딘 교수, 인도네시아 K팝 팬들의 SNS를 분석한 흥미로운 발표를 선보여 눈길을 끌었습니다.
(아래) 영화 「방가방가」의 한 장면.

4 시간의 흐름이 담긴 말과 글

2023년에 방영된 드라마 「고려거란전쟁」.
언제나 그렇듯이 시대를 막론하고 어전회의는 '통촉 - 성은 - 황공무지'로 이어집니다.

[01]

사극의 말투

"성은이 망극하옵니다"에 식상?
그 말투로 과거와 현재, 남과 북이 통한다

> 과거를 배경으로 한 사극의 말투, 당시의 말이라기보다는
> 시대와 관계없이 고정된 사극만의 말투

신라시대 말을 생생하게 듣고 싶나요? 꽤 오래전에 방영된 드라마이지만 「선덕여왕」을 보면 됩니다. 그렇다면 고려와 조선시대는요? 고려시대는 얼마 전에 방영된 「고려거란전쟁」을 보면 되고 조선시대는 지금도 채널을 돌릴 때마다 나오는, 갓 쓴 남자와 머리를 틀어 올린 여자들이 수없이 나오는 드라마를 보면 됩니다. 삼국시대의 말이 모두 궁금하다면 영화 「황산벌」을 보면 되고 고구려와 부여의 말이 필요하다면 드라마 「주몽」을 보면 됩니다. 아주 가까운 시기, 즉 1900년 전후의 말을 듣고 싶으면 「미스터 션샤인」을 추천합니다.

드라마나 영화를 보고 있노라면 신기하죠. 2000년 전의 말

이나 지금의 말이 다를 바가 없습니다. 선덕여왕의 말이나 강감찬 장군의 말, 나아가 조선의 끝자락에 미국으로 갔다가 돌아온 미국 해병대 장교의 말이 별로 다르지 않습니다. 부여에서 태어나 고구려를 세운 주몽도 이들과 비슷한 말을 쓰는 반면에 삼국통일 직전의 고구려, 백제, 신라는 각각 평안도 말, 충청도와 전라도 말, 경상도 말을 씁니다. 모두가 엉터리입니다. 같은 한국어라도 지역에 따라 다르고 시대에 따라 변하는 법이니 적어도 삼국시대의 말은 알아듣기 어려워야 합니다. 그러나 드라마나 영화는 기본적으로 허구이니 그것을 문제 삼을 필요는 없습니다. 다만 사극에서 그려지는 말과 글의 풍경을 보며 그 속내를 들여다보면 그만이죠.

사극 말투의 탄생

> 사극에서 가장 많이 다뤄지는 왕과 신하들의 말투와 대사는 어느 순간 '통촉, 성은, 황공무지'로 고정돼

"전하, 통촉하여 주시옵소서." 신하들이 일제히 머리를 조아리며 말합니다. "경들의 뜻대로 하시오." 신하들의 성화를 못 견딘 임금은 불만에 가득 찬 목소리로 대답합니다. "전하, 성은이 망극하오이다. 황공무지로소이다." 신하들은 속으로 쾌재를 부르며 감사의 말을 전합니다. 사극에서 왕과 신하가 함께하는 어전회의가 나오면 반드시 이런 말이 오갑니다. 너무

도 익숙한 이 장면의 대화는 언제 누구에 의해서 시작된 것일까요? '통촉, 망극, 황공무지'는 지금은 전혀 쓰지 않는 말입니다. 어려운 한자어이니 그 뜻을 제대로 아는 이도 드뭅니다. 그러나 너무나 익숙한 장면이니 어린아이도 이 장면을 이해합니다.

'통촉(洞燭)'의 한자를 보면 마을을 밝히는 촛불을 뜻할 듯하지만 윗사람이 아랫사람의 사정이나 형편 따위를 깊이 헤아려 살핀다는 뜻입니다. '洞'은 밝다는 뜻의 '통'으로 읽어야 하고 '燭'은 꿰뚫어 보다는 뜻으로 이해해야 하니 참으로 어려운 단어입니다. 『조선왕조실록』의 기사를 보면 성종 때에 나오고 한글 문헌에서는 18세기부터 나오니 실제로 쓰이던 말은 틀림없습니다. 궁금한 것은 누가 제일 처음 이 말을 사극에 쓰기 시작했느냐입니다. 그리고 언제 '통촉 - 성은 망극 - 황공무지'의 흐름이 굳어졌는가입니다.

말을 하는 버릇이나 본새라고 정의되는 '말투'는 주로 방언 차이로 구별되는 '말씨'와 달리 누구나 감각으로 느끼기는 하지만 그것의 실체를 명확히 밝히기는 어렵습니다. 나이나 세대에 따라 '아재 말투', 성별에 따라 여자 말투 등을 언급하지만 그것의 특징을 어슴푸레하게 느끼고 있을 뿐이죠. 사극의 말투 또한 마찬가지여서 '통촉'을 비롯한 단어 몇 개, '마님, 나으리, 도련님' 등의 호칭 몇 가지, '하옵소서, 하옵니다' 등에 쓰인 어미 몇 가지로 구별되기는 하지만 그것을 분명히 정의하고 실체를 밝히는 것은 어렵습니다. 그러나 '간첩'을 굳이

'세작(細作)'이라 하고 '사랑하다'를 '은혜하다'로 오해하게 하는 '은애(恩愛)하다'라고 표현하는 말이 들리면 그것이 사극임은 누구나 알 수 있습니다.

사극의 말투는 소설가, 변사, 성우가 탄생시키고 그 이후의 작가나 연출가가 굳어지게 했을 가능성이 크죠. 문어와 구어 사이를 자유자재로 오가며 활자로 옮겨 놓는 소설가가 말투 탄생의 첫 단추를 채웁니다. 영상만 있고 대사는 없던 시절의 변사들은 자신의 상상력으로 영화에 대사를 입혔으니 그들의 말투가 점차 퍼져 나갑니다. 영화에 소리, 나아가 대사가 포함되기 시작하면서 성우, 즉 목소리로 연기하는 이들은 대본에 활자로만 존재하던 말을 특유의 어조로 완성합니다. 머잖아 사극 대접을 받을 「사랑방 손님과 어머니」의 옥희 목소리가 환청으로 들린다면 이렇게 만들어진 말투에 익숙해진 것입니다.

사극의 말투와 시간

> 당시의 말을 알 길이 없으니
> 몇 개의 특징적인 어휘나 어미로 시대적 분위기를 드러내

타임머신을 타고 신라시대로 간다면 그 시대의 사람들과 말이 통할 수 있을까요? 단언컨대 손짓, 발짓이 나을 것입니다. 고려나 조선시대로 가더라도 상황은 마찬가지여서 한자를 안다

면 몇 자 적어서 의사소통을 하는 것이 나을 것입니다. 말소리의 체계가 지금과 다르니 같은 단어지만 그때의 발음은 지금과 다릅니다. 문장을 이루는 요소들의 어순은 지금과 같겠지만 조사와 어미가 지금과 달라 한국어와 많이 비슷한데 알아듣지 못하는 일본어처럼 들릴 수도 있습니다. 상황이 이러니 사극에서는 어떤 시대를 다루든 지금과 비슷한 말을 쓰되 몇 개의 단어와 표현으로만 사극 맛을 내는 것입니다.

그러나 현실로 돌아올 타임머신이 고장 나 그 시대에 살아야 한다면 상황은 달라집니다. 어떻게든 그 시기 그 땅에 살아야 하니 귀와 마음이 열리고 머리가 작동하기 시작합니다. 말소리가 다르지만 지금과 체계적으로 대응하니 그 규칙성을 발견하면 소리가 들리기 시작합니다. 표준어의 '마을'과 '고와서'가 경상도 말에서는 각각 '마실'과 '곱아서'로 나타나는데 이는 지금은 사라진 'ㅿ(반치음)'과 'ㅸ(순경음ㅂ)'과 관련이 있다는 것을 유사하게 파악할 수 있습니다. 그리고 어순은 거의 같으니 많아 봤자 결국은 숫자가 한정된 조사나 어미를 익히면 됩니다. 여기에 먹고사는 것이 절박해지거나 누군가와 사랑에 빠진다면 싫든 좋든 섬세한 표현과 어법까지 익힐 것입니다.

이것이 가능한 이유는 통일신라의 말이 오늘날까지 이어져 내려오고 있다고 보기 때문이죠. 삼국시대에는 한반도 북부의 부여와 고구려의 말, 그리고 남쪽의 신라와 백제의 말이 많이 달랐을 것으로 봅니다. 그러나 신라의 삼국통일을 계기로 신라의 말, 더 정확히는 경주의 말을 중심으로 비로소 한반도 전체에서 통할 수 있는 '국어'가 성립됩니다. 고려는 경주와 멀리 떨어진 한반도 중부의 개경말이 중심이 되어야겠지만 고려의 성립 과정에 신라의 귀족이 대거 참여해 신라의 말이 이어집니다. 그리고 조선을 거쳐 한반도 중부의 말이 중심이 되어 오늘날에까지 이릅니다.

이런 이유로 '吾隱去內如辭叱都 毛如云遣去內尼叱古'와 같이 한자를 빌려 쓴 신라시대의 향가가 '나는 가ᄂ다 맔도 몯다 니르고 가ᄂ닛고?'와 같은 세종 시대의 말로 읽히는 것이죠. 그리고 이 구절은 다시 '나는 간다는 말도 못다 이르고 갔는가?'와 같이 현재의 말로 이해돼 이른 나이에 먼저 떠난 누이를 그리는 「제망매가(祭亡妹歌)」의 슬픔이 공유되는 것입니다. 말은 시간의 흐름에 따라 변하기 마련이니 신라 사람들의 말투는 지금과 많이 다르지만 귀와 마음을 열고 머리가 '열일'을 하면 이해될 수 있습니다. 물론 사극은 그 노력을 덜어주기 위해 딱 정해진 말투만 쓰지만요.

사극의 말씨와 공간

> 사극에서의 사투리는 역사적 시간에 공간적 차이까지 반영
> 실제와 완전히 일치하지는 않지만 재미있는 발상

"우예 알았노? 내는 계백이가 무섭데이, 억수로 무섭데이."

"여그 황산벌에서으 우리으 전략전술적인 거시기는 한마디로 머시기까진 갑옷을 거시기해 불자."

"내래 성을 쌓던, 까부수건 너래 무슨 상관이야, 함 해 보자 이기야?"

사극의 초점은 '시간'인데 영화 「황산벌」은 사극이면서도 '공간'을 부각시켰다는 점에서 의의가 자못 큽니다. '통촉'을 하지 않는 왕 때문에 '세작'이 오고 가다 전쟁이 벌어지는 와중에 '은애'가 난무하는 사극이 아니라 고구려, 백제, 신라의 말이 세 축이 되어 정립(鼎立)하는 사극으로 그려졌습니다. 세 나라의 말이 각각 오늘날과 같은 평안도, 충청도/전라도, 경상도의 말과 같거나 비슷했을 것이란 증거는 없습니다. 다소 상스러운 내용을 천박한 말투로 하라고 연출한 듯해서 그 지역 사투리를 쓰는 사람이나 사랑하는 사람은 불편할 수도 있겠습니다. 그러나 아닙니다. 시간의 영화에 공간을 투영한 것만으로도 훌륭할 뿐 불편한 감정은 사투리에 대한 '만들어진 감정' 때문이죠.

세 나라가 다른 말씨를 쓰지만 영화에서는 서로 통하는 것으로 나옵니다. 엄격한 고증에 바탕을 두고 당대의 말이 서로 통했을 것이라 본 연출은 아닐 것입니다. 그렇지만 신라부터 조선의 말이 모두 통하는 것처럼 그려내는 사극이 시간에 따를 말의 차이를 배타적으로 이해하지 않도록 도와주었듯이 역사적으로도 삼국의 말이 다르면서도 같은 말이라고 암시하는 이 영화가 고맙습니다. 다르지만 결국은 같은데 남과 북으로 갈라지고 다시 동과 서로 갈라쳐지는 현실의 슬픔을 더하기도 합니다.

"왜놈들 때문에 혈육끼리 싸우지 마소이다." 화면을 보면 틀림없이 사극인데 대사가 조금 낯섭니다. 그도 그럴 것이 북한에서 방영된 '텔레비죤련속극'「임진년의 심마니들」에서 나오는 대사이죠. 그런데 이 드라마는 북한의 다른 영화나 드라마에 비해 대사가 훨씬 더 잘 들립니다. 그 이유는 이 드라마가 사극이라는 데 있습니다. 북한의 현대물들은 북한 지역 말의 특성이 강하게 드러나고 정치색도 강한 데 반해 이 드라마는 우리의 사극과 비슷한 옛날 말투이기 때문이죠. 적어도 말투와 말씨만 보면 남과 북은 사극에서는 같은 말을 쓰는 셈입니다.

말의 시간과 공간

> 오늘날의 사랑 이야기와 말투가 결합된 퓨전 사극
> 이 또한 과거와 현재의 말을 잇는 다리 역할

사극이 옛날 말을 가르쳐주지는 않습니다. 특정 지역을 배경으로 한 드라마나 영화가 그 지역 말을 있는 그대로 담아내지는 않습니다. 이것이 국어의 역사나 방언을 연구하는 이들의 시각에서는 엉터리이거나 정성이 부족한 것으로 보일 수도 있습니다. 그러나 '다름'을 강조해서 배척이나 차별로 이끄는 것보다는 낫습니다. 통일신라 이후에 한 뿌리로 내려온 국어, 그리고 각지에 흩어져서 저마다의 모습으로 조금씩 달라진 말들을 전혀 다른 말로 묘사하지 않는 것이 고맙기도 하죠.

최근엔 '퓨전 사극'을 표방하면서 대놓고 요즘 말투는 물론 유행어까지 쓰는 드라마나 영화도 있습니다. 따지고 보면 엉터리이지만 나쁠 것도 없습니다. 그렇게 해서 옛이야기를 오늘의 이야기로 재미있게 보고 들으면 그만이죠. 오히려 몇십 년째 '통촉'과 '세작'으로만 옛이야기를 풀어나가려는 이들이 반성할 일입니다. 한국어는 시간과 공간에 따라 다르지만 결국 다 통하는 한 뿌리의 말입니다. 북녘의 말까지도요.

북한의 '텔레비죤련속극'「임진년의 심마니들」. 북한의 사극은 이전의 사극 말투를 그대로 쓰고 있어 다른 영화나 드라마와 달리 대사가 잘 들립니다.

한 아이가 책방 앞에서 책이 아니라 스마트폰을 들여다보고 있습니다. 이렇게 쌓인 책들을 열심히 읽는다면 어휘력, 혹은 문해력 논란이 발생하지는 않을 것입니다.

[02]

신세대의 어휘력 논쟁

중요한 것은 소통, '금일'을 모른다면 '오늘'을 쓰면 된다

'사흘'과 '금일'로부터 시작된 어휘력 혹은 문해력 논란, 정작 중요한 문제는 놓치고 있어 아쉬워

"4흘 전에 시작돼 金일 끝난 행사에 우천市를 念頭하고 中食을 따로 준비하지 못한 것에 대해 주체측은 심심한 사과를 해야 합니다." '사흘'이 3일이 아닌 4일로, '今日'이 오늘이 아닌 '금욜'로, '중식'이 '점심밥'이 아닌 '중국 음식'으로 받아들여질 수도 있는 것에 대한 민성은 없습니다. '비가 올 때'라고 하면 모두가 알아들을 수 있을 텐데 굳이 100년 전에나 쓰였을 법한 국한문 혼용문을 그대로 베껴 쓴 이유에 대한 이해나 비판도 없습니다. 발음이 바뀌어 '주최'는 '주체'로 들리고, '염두에 두다'는 '염두해 두다'로 들릴 수 있는데 한자에 대한 지식은 점점 얕아지는 현실에 관한 냉철한 판단은 보이지 않습니

다. 말과 글을 잘못 쓰고 이해하는 것을 둘러싼 풍경은 삭막하기만 하죠.

문해력인지 독해력인지, 아니면 어휘력인지 모를 이 문제에 대한 논란이 거셉니다. 맞춤법 문제까지 불거져 어려운 맞춤법을 정한 국어학자나 이것을 밀고 나가는 관계자에 대한 비난이 넘쳐납니다. 부족한 국어교육에 대한 질타, 한자교육을 강화하면 모든 문제가 해결될 것이라는 주장, 더 알고 많이 배운 자들의 비아냥거림도 들립니다. 그러나 이것은 어느 한쪽을 비난하거나 조롱할 문제가 아니라 모두가 함께 경험하고 있는 소통의 문제이죠. 이 문구를 쓴 이, 아무런 문제도 느끼지 못하고 읽은 이, 이러한 엉터리 문구가 넘쳐나도록 방치한 이, 그리고 이것을 남의 문제인 양 떠넘기며 조롱을 일삼는 이 모두가 반성해야 할 문제입니다.

어휘력, 독해력, 그리고 문해력

> 어휘력 문제 사례 들어 '요즘 것들·못 배운 것들' 공격
> 조롱하기보다 배경 이해해야

'문해력'이란 말은 없었습니다. 한자로는 '文解力'이라 쓰고 '글을 읽고 이해하는 능력'이라고 정의되는 이 단어는 2020년 이후에 본격적으로 쓰이기 시작했죠. 이전에는 글을 읽고 이해하

는 능력은 '독해력'이라 했는데 사전에서는 이를 '글을 읽고 뜻을 이해하는 능력'이라 풀이하고 있으니 문해력과 독해력의 사전적 의미는 같습니다. 그런데 굳이 '문해력'이란 용어를 쓰며 '사흘, 금일, 중식, 심심한 사과' 등을 엉뚱하게 이해하는 사례를 들고 있습니다. 황당하지만 재미있기도 하니 언론에서는 이 사례와 용어를 퍼 나르기 바쁩니다. 이 사례가 과연 '글을 읽고 이해하는 능력'의 문제인지 곱씹어 생각하기보다는 그렇게 오해하는 이를 조롱하는 데 모두가 동참하고 있습니다. 자신의 얼굴에 침을 뱉는 것인 줄 모르면서요.

　문해력의 문제가 아닙니다. 문해력과 독해력의 사전적인 뜻은 거의 같으니 독해력의 문제도 아닙니다. 기본적으로는 어휘력의 문제이죠. 사전에서는 '어휘력'을 '어휘를 마음대로 부리어 쓸 수 있는 능력'이라 하여 '사용' 면에 대해서만 정의하고 있는데 당연히 '이해'까지 포함해야 합니다. '사흘'이 고유어로서 '세 날'을 가리키는 것인지 모르는 것, '금일'이 한자어로서 '오늘'에 해당하는 것인지 모르는 것이 문제이니 어휘력의 문제이죠. 어휘에 대한 이해가 있어야 글에 대한 이해도 가능하니 어휘력이 독해력 또는 문해력의 기초이기는 합니다. 그러나 '행사가 3일 전에 시작돼 오늘 끝났다'고 쓴 문장을 엉뚱하게 이해할 이는 없으니 단어 이해의 문제이지 문장 이해의 문제가 아닙니다.

　고유어와 한자어의 문제도 아닙니다. '금일(今日), 심심(甚深)한, 우천시(雨天時)' 등은 한자어이지만 '사흘'은 고유어이니 단어 종류가 문제는 아닙니다. 그저 요즘은 잘 안 쓰는 단어, 과거 한자와 한자어가 많이 쓰였을 때 사용된 단어를 잘 모르는 문제이죠. '중식(中食)'은 같은 한자를 쓴 것이 '점심'과 '중국 음식'을 가리킬 수 있으니 이는 맥락에 대한 이해의 문제여서 독해력 또는 문해력 문제일 수 있습니다. '염두(念頭)'에 쓰인 한자가 '생각'과 '머리'이니 '염두하다'란 말이 불가능하다는 것을 판단할 수 있는 능력은 한자 및 한자어에 대한 이해의 문제이긴 하죠. 그러나 이 모든 단어가 잘 안 쓰는 말, 또는 더 알아듣기 쉽게 쓸 수 있는 말이기도 하니 굳이 한자교육 강화를 주장하기 위한 사례로 삼을 이유는 없습니다.

언어 약자에 대한 이해와 배려의 필요성

> 자주 안 쓰면 모르는 게 당연
> 글보다 영상에 친숙한 환경도 한몫

쉽고도 꼭 알아야 하는 단어라고 여겨지는 것들을 누군가는 아예 모르거나 잘못 사용하고 있는 문제이죠. 그 '누군가'는 은연중에 '요즘 젊은것들' 그리고 '못 배운 것들'을 가리킬 때가 많습니다. 나이가 좀 든 세대에게 '사흘'과 '금일'은 익숙한 말이니 이 말을 모르는 세대를 비웃기 딱 좋은 사례이죠. 많이 배운 사람들은 '우천시'가 도시 이름이 아니고 '비가 내릴 때'라는 것을 알 수 있고, 귀로는 '염두해 두다'로 들리더라도 책에는 '염두에 두다'로 쓰여 있는 것을 떠올릴 수 있습니다. 좀 더 배울 기회를 가진 이들은 그렇지 못한 이들을 조롱하기 딱 좋은 사례이죠. 나이가 벼슬이고 더 배운 것이 권력이니 그렇지 못한 사회적 약자이자 '언어 약자'를 먹잇감으로 삼아 공격합니다.

그러나 '요즘 젊은것들'이 왜 이런 단어들을 잘 모르는지 생각해 볼 일이죠. 말은 문법책으로 배우는 것이 아니고, 단어는 사전으로 배우는 것이 아닙니다. 말을 배울 무렵 아이를 무릎에 앉히고 문장구조에 대해 강의하고 단어의 사전적 의미를 일러준 적이 있나요? 아이는 주변의 말을 듣고 스스로의 능력으로 문법을 구축하고 단어의 뜻과 용법을 익힙니다. 주변의 언어 환경에 의해 아이의 타고난 능력이 깨어나 비로소 말을 완성해 가기 시작합니다. 토양과 기후가 좋으면 아이의 언어 능력은 더 커집니다. 많은 단어의 다양한 용법을 들려주고, 정확하고 올바른 문장을 구사해 주면 아이의 언어 능력은 더 완벽해집니다.

그러나 '사흘'과 '금일'을 잘 들려주지 않았습니다. 스스로 느끼기에도 뭔가 구닥다리 같고 학교 다닐 때 싫어한 한자가 들어간 말이어서 잘 안 쓰게 되니 아이들은 자주 듣고 그 뜻과 용법을 익힐 기회가 없었습니다. '심심한 사과'란 말을 들어본 적이 있고 가끔 쓰기도 했지만 그것이 '매우 깊다'는 뜻의 '甚深'인지 몰랐고 '지루하다'는 뜻으로 오해될 소지가 있어서 쓰기를 주저하기도 했었습니다. 젊은 세대는 자주 듣지 못했으니 잘 모르는 것은 당연하죠.

'못 배운 것들'이 왜 어휘력이 떨어지는지도 생각해 볼 일이죠. 가르침이 있어야 배움이 있습니다. 가르치지 않아도 알아서 공부할 수 있다면야 아무런 걱정이 없겠지만 그런 이들은 극소수이니 어떻게든 가르치려고 노력해야 합니다. 국어 교사들은 할 말이 없거나, 있어도 삼가야 합니다. 이 모든 책임을 져야 하는 것은 아니지만 잘 못 가르친 탓은 분명히 있으니 잘 못 가르쳐 못 배운 이들을 비난하거나 조롱해서는 안 됩니다. 다만 이것이 어휘력 문제인지 문해력 문제인지는 명확하게 구별할 줄 알아야 합니다. 국어 시간을 늘리거나 한자교육을 강화하거나 하는 게 능사가 아니니 이것을 기회로 자신의 주장을 펼치는 것으로만 끝나서도 안 됩니다.

책을 읽지 않아서, 수동적인 영상만 봐서, 사회관계망서비스(SNS)에 빠져 있어서 등의 하나 마나 한 진단도 늘어놓아서는 안 됩니다. 거의 모든 사람이 책 읽기보다는 마냥 지켜보기만 해도 되는 영상을 좋아합니다. 인터넷 없이는 살 수 없는 시대이고 모두가 인터넷을 잘 활용하기를 원합니다. 자신들도 SNS를 열심히 이용하고 있고 할 수만 있다면 더 잘하고 싶습니다. 이미 이런 시대를 살고 있으면서, 그런 시대를 자신의 손으로 만들었으면서도 젊은 세대는 그런 시대에서 뒤떨어져야 한다는 주장은 전혀 먹히지 않습니다. 책은 잘 안 읽어도 영상은 잘 이해하고, 책은 못 써도 많은 사람이 관심을 갖는 영상 콘텐츠는 잘 만드는 세대이니 부러워할망정 비난할 일은 아닙니다.

바보야, 문제는 소통이야

> 소통의 궁극적 목적은 보고 듣는 이들의 이해
> 어렵게 쓰지 말고 보고 듣는 이를 기준으로 쉬운 말 사용을

어휘력이 떨어질 수밖에 없는 상황을 모두가 만들어 왔죠. 책을 안 읽고 영상을 소비하는 시대에 살고 있습니다. 잘 안 쓰는 고유어, 어려운 한자어는 점점 사라질 것입니다. 사람들의 머릿속 사전은 점점 더 얄팍해지고 문장은 단순해질 것입니다. 이것이 문제라 여기고 되돌리려는 시도는 이루어지겠지만 큰 흐름은 바꾸지 못할 것입니다. 사마귀 홀몸으로 거대한 수레를 감당하기 어려울 테니 수레에 올라타서 방법을 모색해야 할 것입니다. 그 방법은 분명하면서도 간단하죠. 어휘력과 문장력 모두가 부족하더라도 소통은 해야 할 터, 그 소통에서 해답을 찾으면 됩니다.

'심심한 사과' 사건을 둘러싼 관심과 논쟁은 모두 틀렸습니다. 사건의 전말을 살펴보면 그저 심심풀이로 한 농담을 불쏘시개 삼아 문해력을 둘러싼 전면전으로 확대시킨 것으로 보입니다. 공지문 작성자는 진심이었죠. 문제를 일으켰으니 사과를 해야겠고, 사과문은 정중하게 쓰는 것이 좋으니 이전의 사과문을 검색해서 찾아봤을 것입니다. 어려운 한자어가 더 있어 보이니 '심심한 사과'를 썼죠. 그것을 읽은 이들도 문맥상 무슨 뜻인지는 알지만 재미 삼아 시비조로 댓글을 달았습니다. 그렇게 심심하게 끝날 일을 언론에서 대서특필하고 입이

있는 이들은 저마다 한마디씩 하면서 결국 문해력 논쟁으로 번져나갔습니다.

공지문 담당자가 잘못했습니다. 고객들에게 진심으로 사과하고자 하는 마음이었으면 그들이 알아듣기 쉬운 말로 사과문을 써야 했죠. 나이가 어린 고객들이 볼 글이면 '진심으로 죄송한 말씀'을 '심심한 사과'라 표현하지 말아야 했습니다. '금일 우천시 중식 미정'을 읽는 이 중에 젊거나 많이 배우지 못한 이들도 있을 테니 '오늘 비가 올 경우 점심 메뉴는 아직 정해지지 않았음'이라고 써야 했습니다. 말은 쉽게 하면서 글을 쓸 때는 괜히 어렵게 쓰려는, 혹은 남들이 오래전에 쓴 것을 베끼는 습관을 버려야 했습니다. 읽는 이들을 기준으로 내가 전하고자 하는 바가 어떻게 하면 분명하게 전달될까를 고민해야 했습니다.

바늘을 방망이로 만들지 말아야 했어요. '심심한 사과'는 문맥이 아닌 이 구절만 보면 오해의 소지가 분명히 있습니다. '하나, 이틀, 사흘'을 '1나, 2틀, 4흘'로 쓰는 것은 장난이든 실수든 이전에도 있었죠. '금요일'을 '금욜'로 말하는 세대에게 '금일'이 '금요일'로 들릴 가능성은 얼마든지 있습니다. 사소한 말실수는 늘 있게 마련인데 이런 것들을 굳이 들춰내 그리 크게 떠들 일은 아닙니다.

과잉 진료와 엉터리 처방도 하지 말아야 합니다. '요즘 젊은 것들'에 대한 비난은 함무라비 시대 훨씬 이전, 인류의 역사와 함께해 왔습니다. 그 비난의 중요한 한 대상이 말이었고, 그 전형적인 대사는 "요즘 애들은 말을 너무 몰라"나 "요즘 애들 말은 이상해"였죠. '사흘'과 '금일'로 누군가를 비난하는 이들도 올챙이 적에는 고유어든 한자어든 잘 모른다고 야단을 맞았죠. 한자가 영어보다 훨씬 더 어려워졌고 말은 글보다 귀로 먼저 배우니 '주최(主催)'가 '주체'로 들리고 '염두(念頭)에 두다'가 '염두해 두다'로 들리는 것은 어쩔 수 없습니다. 한자를 가르치면 해결될 문제이나 배우기 싫어하고 가르치기 어려운 그것에 얼마나 투자해야 할지 셈을 정확하게 하지 않고 무작정 한자교육을 주장해서도 안 됩니다. 물론 재미없는 책을 수없이 만들면서 무조건 읽으라고 강요해서도 안 됩니다.

사막에서 살아남는 법

> 언어의 사막을 건너기 위해서는
> 더 많은 소통과 이해가 필요

'요즘 젊은것들'에 대한 비난, '요즘의 엉터리 말'에 대한 한탄의 세월과 정도를 헤아려보면 세상은 진작에 망했을 듯하고 지금의 말은 원숭이의 말보다 못했을 듯하죠. 이전 세대가 진단하는 말과 글의 풍경은 늘 그렇듯이 사막화가 진행되고 있습니다. 그러나 미래에 대한 대비는 늘 해야 하지만 암담한 미래를 예견하는 것만이 전부는 아닙니다. '사흘'과 '금일'을 모르는 세대, '주체'와 '염두하다'를 쓰는 이들과 함께 소통하며 미래도 개척해야 합니다. 사막화를 막는 법과 사막에서 살아남는 법을 동시에 모색해야 할 때이죠.

'사흘'과 '금일'을 모르는 이들과는 '삼일'과 '오늘'로 소통하면 됩니다. '심심한 사과'를 모르는 이들에게는 '진심 어린 사과'를 하면 되고 더 어린 아이에게는 "진짜 진짜 미안해"라고 말하면 됩니다. 이들이 좀 더 나이가 들면, 좀 더 배우면 '사흘, 금일, 심심한 사과'를 다 알게 됩니다. 지금도 그들은 성장하며 더 배우고 있으니 그들이 알아들을 수 있을 말을 하면서 소통하면 됩니다. 그렇게 애정 어린 시각으로 보면 말과 글의 요즘 풍경은 삭막하지만은 않습니다.

한 아이가 책을 읽고 보고 찢고 날리고 있습니다.(출처: 호세 마르티, 『황금시대』 삽화를 챗gpt로 재구성하고 해상도를 개선한 이미지)

한글박물관의 한글 기둥, 뿌리 깊은 나무이니 천년에 새로운 여러 천년을 이어나가기를 기대해 봅니다

[03]

한글박물관

뼈카충 · 댕댕이 · 띵작,
'자유분방 한글' 또한 세종대왕의 정신

'한글 놀이터' 표방한 한글박물관
언문의 시대부터 현대까지 전시

한글을 박물관에 가둔다고요? 2008년 한글박물관 건립이 논의되기 시작할 때, 그리고 2014년 한글박물관이 개관했을 때 들었던 생각은 이랬습니다. 옛것을 수집·보존·진열하는 것의 중요성과 필요성은 공감하나 그 대상이 언어의 한 축이라는 것에는 고개를 갸웃할 수밖에 없었죠. 게다가 '한글문화'를 국내외로 확산시키는 것이 목표라는데 '한글'과 '문화'가 결합할 수 있는 것인지, 결합한다면 어떤 맥락에서 어떤 의미로 쓰이는 것인지 궁금했습니다. 그러나 인류 역사상 최고 언어학자의 작품인 한글이 어떤 모습으로 전시될 것인가에 대한 기대 또한 자못 컸습니다.

방언을 한글박물관에서 전시하겠다고요? 이번엔 한술 더 뜬, 말도 안 되는 연락이 왔습니다. 소문이나 뉴스가 아닌 전화로 자문까지 요구하면서요. 말은 결코 박물관이나 민속촌에 가둬서는 안 되고 자연 상태에 두어야 한다고 늘 강변하는 이에게 말입니다. 의구심을 넘어 불안감이 엄습했지만 이전에 한글박물관에서 주관한 기획 전시가 얼마나 철저한 준비를 통해 이루어졌는지를 알기에 기대가 더 클 수밖에 없었죠. 이럴 때는 30년 넘게 한 방향만 바라보며 달려온 '꼰대'의 시각보다는 의욕적으로 준비하는 젊은 친구들의 뒤를 따라가며 도움이 될 것을 찾아보는 것이 상책입니다. 게다가 기획 전시의 제목이 '사투리는 못 참지'랍니다. 이러면 정말 못 참으니 가볼 수밖에요.

훈민정음, 천년의 문자 계획

> 한글날 즈음마다 반복되는 한글과 한국어 관련 기사는 문제의 본질을 제대로 파악하지 못한 기사

글자는 우리의 손에서 꿈틀대며 우리의 눈과 머리를 오갑니다. 이렇게 매일 쓰고 보는 문자를 전시할 이유는 없으니 이런 것은 박물관의 전시 대상은 아닙니다. 그러나 실제 쓰이는 문자 중 유일하게 아비가 있고 생일이 있으니 그 생명체에 대한 전시는 당연히 필요하죠. 그것의 역사를 담고 있는 2층의 상설

전시관은 철저하게 그 아비의 뜻을 좇아 구성되었습니다. 훈민정음의 첫머리 구절을 따라 "나라의 말이 중국과 달라/ 내 이를 딱하게 여겨/ 스물여덟 자를 만드니/ 쉽게 익혀/ 사람마다/ 날로 씀에/ 편안케 하고자 할 따름이니라"라는 제목으로 꾸렸습니다. 훈민정음 서문 자체가 명문이니 그것을 충실히 따르는 것만으로 충분하죠.

풍경을 그리는 이가 그리는 대상을 평가하는 것은 영역 밖의 일이죠. 기획해서 준비하고 매일매일 운영하는 이들의 노력과 열정에 감사하며 나날이 발전하길 기대할 수밖에 없습니다. 주된 관람층인 이 땅의 미래 주역들이 신나게 뛰놀면서 가슴에 새길 만한 것을 얻어가기를 기대하는 것으로 대신합니다. '국립한글박물관은 한글문화의 놀이터'를 표방하고 있으니 그 목표가 달성되기를 바랄 뿐이죠. 이미 너무나 익숙해 한글에 흥미를 잃은 어른들, 한글을 처음 접하며 새로운 흥미를 느끼는 외국인 관람객까지 모두를 포함해서요.

상설 전시관 벽면에 박힌 '천년의 문자 계획'은 곱씹어볼 만하죠. 15세기에 만들어진 한글을 21세기인 지금에도 쓰고 있으니 600년 가까이 쓰고 있는 셈이죠. '언문'이니 '암클'이니 해서 천대를 받다가 본격적으로 쓰인 기간은 더 짧습니다. 한자와 경쟁 또는 공존하면서 힘든 세월을 버텨 왔지만 한자와 다시 경쟁할 일은 없습니다. 일제 강점기의 말과 글에 대한 탄압을 견뎌왔으니 불행한 식민 경험을 다시 겪지 않는 한 한글이 핍박을 받을 일은 없습니다. 적어도 이 나라가 유지되고 이 땅에 우리가 살아가는 한 '천년'의 세월은 달성될 것으로 보입니다.

그럼에도 불구하고 '한글 파괴' 운운하는 탄식은 해마다 한글날만 되면 지면을 장식하고, 그 아비인 세종대왕은 강제로 '지하에서 통곡'해야 하는 존재로 그려집니다. 말과 글의 본질을 알지 못하고, 한글의 힘을 믿지 못하는 소치이죠. 세종대왕이 만든 것이 말인지 글인지를 구별하지 못하는 것은 무지(無知)요, 한글의 과학성을 그리 강변하면서 한편으로는 파괴를 염려하는 것은 무신(無信)이자 무시(無視)입니다. 천년을 견디고 새로운 천년까지 바라볼 수 있도록 만든 한글은 절대로 파괴되지 않고 그 아비는 웃으면 웃었지 통곡하지 않습니다.

'한박웃음'의 도발

> 독특하고 과학적인 한글의 지형,
> 줄임말, 야민정음, 외계어에도 한글의 특성이 있다

'한글 파괴'와 '국어 파괴'는 서로 혼동되면서 지나치거나 엉뚱한 근심을 표현합니다. 아이들이 '말하지 않아도'를 '말ㅎㅏㅈ1 않Øㅏ도'와 같이 장난스레 쓰는 '외계어'를 보고 국어 파괴라 수선을 피웁니다. 거리에 한글 간판 대신 '영어 간판'이 넘쳐나는 것을 보고 한글 파괴를 염려합니다. '버스 카드 충전'을 '뻐카충'이라 줄여 쓰는 것, 개를 '멍멍이'라고 하는 것도 모자라 '댕댕이'라고 쓰는 것을 한글 파괴 또는 국어 파괴라고 합니다. '사흘'을 '4일'로, '금일'을 '금요일'로 오해하는 것을 두고 한글은 너무 어렵다는 둥, 한문교육이 필요하다는 둥 엉뚱한 해석과 처방을 늘어놓습니다.

'문자'와 '언어'도 구별하지 못하는 것이 문제이죠. 세종대왕은 문자인 한글을 창제했을 뿐 언어인 한국어를 만든 것이 아닙니다. 카페의 메뉴에 '미숫가루'를 'M.S.G.R'로 써 놓은 것은 영어로 써 놓은 것이 아니라 로마자로 써 놓은 것이죠. '사흘'을 '4일'로 오해하는 것은 한글을 못 읽어서가 아니라 과거에 흔히 쓰던 고유어에 익숙하지 않아서입니다. '금일'을 '금요일'로 오해하지 않도록 하는 교육은 어려운 '한문'교육이 아니라 한국어 단어를 이해하는 데 도움이 되는 '한자'교육입니다. 문자의 탄생을 축하하는 한글날이 한국어의 순수성을 지켜야 한다고 강변하는 날로 둔갑하는 것도 역시 한글과 한국어를 구별하지 못하는 무지의 소치이죠.

한글의 힘과 특성을 믿지 못하는 것도 문제입니다. '말하지 않아도'라고 쓰더라도 결국은 한글을 흉내 내는, 그래 봤자 얼마 되지도 않으니 그냥 놔두면 스스로 스러질 장난일 뿐이죠. 'Bus Card Charging'을 줄이면 'BCC'가 되어 본래 무슨 말인지 알 수 없지만 '뻐카충'은 글자 하나가 가진 정보량이 많아 줄어들기 이전의 말을 추측하기 쉽습니다. 이는 글자를 모아쓰도록 고안한 세종의 의도를 재확인하는 작업이기도 하죠. '멍멍이'를 '댕댕이'라 하고 '명작'을 '띵작'이라 하는 것도 한글의 자형과 창제 원리를 되새기는 과정이죠. 이렇게 해서 재미있는 단어 몇 개를 늘리고 웃으면서 쓸 수 있으면 그만입니다.

불만과 근심의 눈으로 바라보면 한글박물관의 소식지 《한박웃음》은 심각한 문제가 있습니다. '한글박물관'을 '한박'으로 줄여 쓴 것은 '뻐카충'과 다를 바 없고 '한박'이라 써 놓고 '함박'이라 읽도록 유도한 것은 '댕댕이'보다 더한 도발일 수 있습니다. 그러나 여전히 한글로 써 놓았으니 한글이 파괴될 일도 없고 '한박'에서 '한글'과 '박물관'을 복원해 낼 수 있으니 국어가 파괴될 일도 없습니다. 글자는 '한박'이되 소리를 내어보면 '함박'이 되니 이 이름을 지어낸 이의 재치에 슬며시 웃음을 머금으면 됩니다. 이러한 모든 도발도 결국 세종의 손바닥, 즉 한글 놀이터에서 이루어지는 것이니 너른 마음으로 포용하면 됩니다.

사투리는 못 참지

> '표준어=순수한 국어' 인식 잘못,
> 과연 일상에서 사투리 참을 수 있나

국어에 대한 편협한 시각으로 보면 한글박물관의 2024년 기획전시 역시 심각한 문제가 있습니다. 이 시각에 따르면 국어는 순수해야 하고, 순수한 국어는 표준어이니 사투리는 걸러내야 할 대상이죠. 이를 위해 앞장서야 할 한글박물관이 '순수하지 못한', 또는 '표준에 미치지 못하는' 말인 사투리를 주제로 잡았습니다. 게다가 전시회의 제목 또한 '철없는 젊은 애들'이나 쓰는 말인 '~는 못 참지'를 넣어 지었죠. 전시관의 소주제는 '이 땅의 모든 말, 풍경을 담은 말, 캐어 모으는 말'인데 걸러내야 할 이 땅의 말의 풍경을 새삼 캐어내어 전시해야 할 이유가 도대체 무엇인가요?

사실 이 땅의 모든 이들이 사투리를 씁니다. 대대로 서울에서 살아온 이들의 말은 서울 사투리일 뿐 표준어가 아닙니다. 말을 가르치는 국어 선생도, 말로 먹고사는 아나운서도 나고 자라면서 배운 말을 자연스럽게 쓰면 그 모든 것이 사투리입니다. 사투리를 애써 참고 사전과 규범에 있는 말을 억지로 쓰려고 할 때 비로소 나오는 말이 표준어이죠. 우리의 일상에서 자연스럽게 나오는 모든 말이 사투리이니 숨을 참지 못하듯 사투리는 참지 못합니다. 그것이 지역에 따라, 성별·연령·직업 등에 따라 다르지만 그렇게 다른 것을 모두 모아야 한국어가 되니 이 땅의 모든 사람들은 사투리를 쓰며 그 사투리는 참지 못합니다.

"우터 이래 반갑소 방구워요." "잘도 오랜만이우다예. 어떵헹 지냄수과?" 강원도 사람과 제주도 사람이 만나서 이렇게 인사를 나누더라도 한글로 적을 수 있으니 고맙습니다. 세종께서 한글을 창제하실 때부터 각 지역의 방언은 물론 동물의 울음소리까지 적을 수 있다고 밝혀놓았으니 이 모든 말들을 한글로 기록해 모아놓으면 한국어의 자산이 축적되고 보존

됩니다. 팔도의 말을 지면과 영상으로 소개하고 그동안의 방언 조사 과정과 결과들을 충실하게 전시해 놓은 것이 고맙습니다. 말은 하고 나면 사라지는 것, 이렇게 모아놓고 담아놓으면 후대에도 얼마든지 다시 열어서 보고 들을 수 있으니 이것이 박물관의 역할이기도 하죠. 이런 전시를 기획하고, 발로 뛰어 자료를 모으고, 알차게 전시해 낸 모든 이들이 고맙습니다.

한글에 대한 우리의 자부심은 유별납니다. 유례가 없는 과학적인 문자를 가졌으니 자부심을 가져도 됩니다. 그런데 때로는 도를 넘어 '한글의 세계화'를 부르짖으며 전 세계에 한글을 보급하자고 목소리를 높입니다. 우리를 제외한 누구도 이러지 않습니다. 부르짖는다고 한글이 세계에 알려지는 것도 아니고 우리가 보급하고자 한다고 넙죽 받아서 쓸 이들도 없습니다. 한글에 비하면 턱없이 비과학적이고 부족하기만 한 로마자가 이미 지구촌의 문자가 되었고 다들 나름의 문자를 가지고 아쉬움 없이 읽고 쓰고 있습니다. 문자가 없는 이들조차 '명품 한글'보다는 '흔한 로마자'를 택하는 것이 더 이득이죠.

그러니 한글에 대한 자부심, 나아가 넘치는 '국뽕'은 참을 필요가 있습니다. 전시한다고, 홍보한다고 한글이 세계로 가는 것이 아니라 문화와 경제의 힘에 한글이 함께 실려가는 것이죠. 모든 이가 날로 씀에 편안함을 느껴 자유롭게 쓰고 말하여 그것이 새로운 창작물이 되어 우리는 물론 세계인의 가슴을 울리면 그것을 기록한 한글이 세계로 갑니다. 자랑스러운 문화유산은 박물관에 전시되거나 민속촌에 박제될 때가 아닌,

일상에서의 자연스러운 감정을 참지 못하고 자유롭게 쓸 때 더 빛을 발합니다.

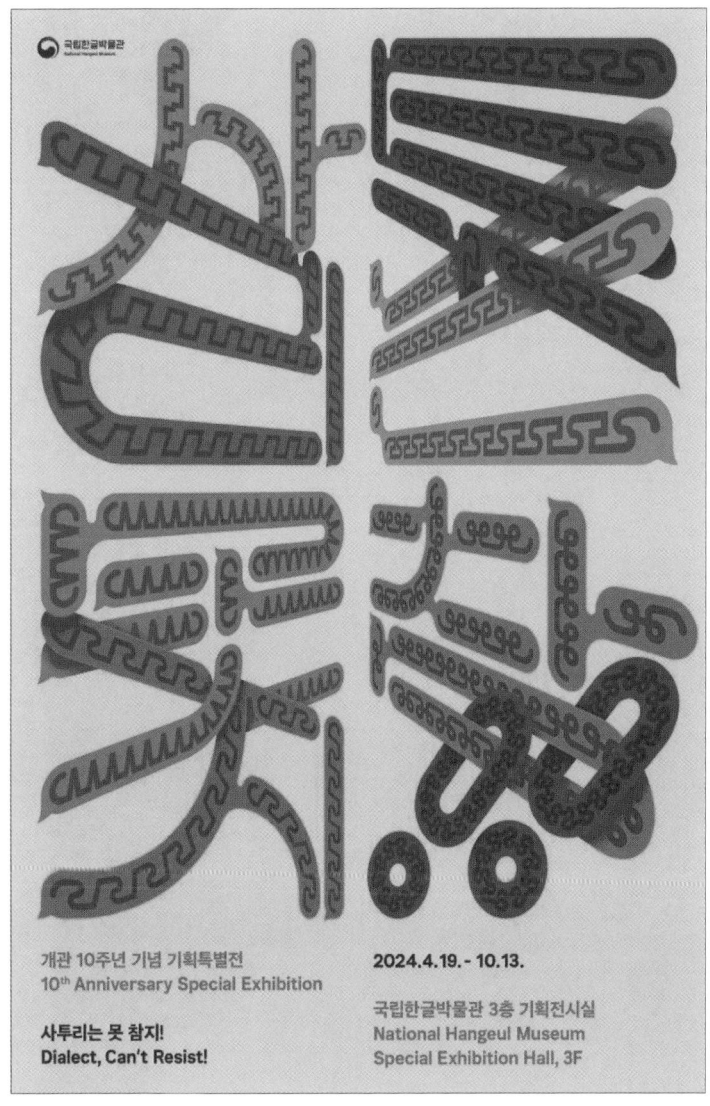

한글박물관의 2024년 기획 전시 포스터, 눈을 부릅뜨고 열심히 보아야 글자가 보입니다. 이 땅의 모든 말도 귀를 쫑긋 세우고 마음을 열면 잘 들립니다.

1930년대 노래 '오빠는 풍각쟁이' 그 속의 오빠는 남자 혈육을 가리킵니다.

[04]

'오빠'의 성장기

가정 울타리 넘어간 '호칭'은 무죄,
그 대상이 합당한 행동만 한다면

> 피붙이 '오빠'에서
> 한 울타리에 같이 살게 되는 '오빠'까지

남편을 '오빠'라고 부르고 아내를 '자기'라고 부르는 것은 잘못인가요? 적어도 2024년 가을 남북한의 말과 글의 풍경을 살펴보면 그 답은 '그렇다'입니다. 한반도의 남쪽에서는 대통령의 아내가 메시지에 쓴 '오빠'를 두고 한바탕 소동이 벌어지고 있습니다. 그것이 남편, 즉 대통령을 가리키는 것이라면 정치에 관심이 있는 이들은 저마다 한마디씩 보태고 정치에 관심이 없는 이들이더라도 호칭 자체의 부적절함에 대해 논합니다. 한반도의 북쪽에서는 부부 사이에서 '오빠'와 '자기'를 쓰면 '평양문화어보호법'에 의해 '괴뢰말'이라 낙인이 찍혀 처벌받을 수도 있습니다. 사람 사이에는 수많은 관계가 형성되고 그 관계와 친소(親疏)에 따라 자유롭게 호칭을 정할 수 있습니다. 그러나 누군가를 부르는 호칭으로부터 말이 시작되고 그 말은 주고받는 사람뿐 아니라 그것을 듣고 보는 주변 사람들과 공유되니 그것을 둘러싼 논쟁은 끝없이 이어질 수밖에 없습니다.

'오빠'의 역사

> 1930년대 노래 속의 오빠는 남자 혈육,
> 2000년대 노래 속 오빠는 친족 넘어 연인·남편에도 쓰여

1929년에 발표된 임화의 시 「우리 옵바와 화로」와 1938년에 박향림이 부른 「오빠는 풍각쟁이」에 등장하는 '오빠'는 누구일까요? 앞의 시에서는 끝없는 신뢰와 애정이 묻어나는 반면 뒤의 노래에서는 미움을 넘어선 증오까지 느껴지지만 모두 같은 부모 밑에서 태어난 남매 사이에서 쓰인 말인 것은 분명합니다. 그러나 2000년에 왁스가 부른 「오빠」나 2007년에 박현빈이 부른 「오빠만 믿어」에서는 상황이 달라집니다. "그녀는 나쁘니 나만 바라봐"라든지 "오빠 한번 믿어봐 너만 바라보리라 평생토록 내가 안아줄게"라는 말이 남매 사이에 오간다는 것은 상상하기 어렵습니다. 왁스의 안타까운 부름에 응했다면, 박현빈의 달콤한 말에 속았다면 이들은 한 가정을 이뤘을 터, 그 후에도 호칭은 여전히 '오빠'일 가능성이 높죠. 이처럼 한 세기가 채 되기도 전에 '오빠'는 울타리를 넘어서 쓰이는

호칭이 되었다가 다시 새로운 울타리 안에서도 쓰이는 호칭이 되었습니다.

'오빠'의 이러한 변화는 호칭 전반에 나타나는 변화, 즉 친족 명칭의 확대나 일반화 과정과 맥을 같이합니다. 가족이나 친족 사이에는 관계를 가리키는 말이 있으니 그에 따라 호칭과 지칭을 쓰면 되지만 그 외의 관계에서 호칭은 따로 정해진 것이 없습니다. 주변에 부모님 또래의 어른들이 있을 때 부를 말이 마땅치 않은데 이때 '아저씨'와 '아줌마'가 호출됩니다. 이 둘은 본래 아버지와 어머니의 사촌을 부르는 말이지만 연배가 비슷한 데다 친족과 다름없다는 친밀감을 표현할 수도 있으니 안성맞춤이죠. 나이가 어린 이가 있다면 이름을 부르면 되지만 자신보다 나이가 조금 많은 이가 이웃에 있다면 호칭이 난감하죠. 이때 가족 간에 쓰이는 '오빠, 형, 누나, 언니'가 활용됩니다. 피를 나눈 형제자매 사이에 쓰이는 말이니 이보다 더 정감을 잘 표현할 말은 없습니다. 이렇듯 가족이나 친족 사이에서 쓰이는 호칭이 확대되는 것은 흔히 나타나는 과정이었습니다.

그런데 넷 중에 '오빠'는 좀 묘하죠. '형'과 '언니'는 동성 사이에서 쓰이니 별 거부감이 느껴지지 않아 자연스럽게 쓸 수 있습니다. 그러나 '오빠'와 '누나'는 남녀유별(男女有別)을 따지는 이라면 쓰기가 꺼려집니다. 그나마 '누나'는 스스로 철없는 동생이라 생각하며 스스럼없이 쓸 수 있으나 '오빠'는 아닙니다. 남녀가 짝을 지을 때 남자가 조금 나이가 많은 것이 일반적이니 '오빠'로 불릴 수 있는 이는 모두 진정한 '이성(異性)'이고 나아가 연인이나 배우자가 될 가능성이 있는 존재이죠. 그래서 세대나 지역에 따라 가족이 아닌 대상을 '오빠'라고 부르는 것을 꺼리거나 금기시하기도 합니다. 또한 개인의 성향에 따라 이 말을 쓰지 않거나 들으면서 거북해하기도 합니다.

더 큰 문제는 이 '오빠'와 가정을 꾸리고 난 뒤에도 입에 붙은 이 말을 그대로 쓴다는 데 있습니다. 호칭 중 부부 사이의 호칭이 가장 어려운 법인데 갓 결혼한 이들이 '여보, 당신'으로 부르는 것은 극히 어렵습니다. 아이가 태어나면 그나마 '○○ 아빠, △△엄마'를 쓸 수 있지만 그러기까지 시간이 좀 걸립니다. 그러니 결혼 전 호칭이 그대로 쓰입니다. 양가 어른들을 비롯한 주변 사람들이 따가운 눈총을 보내도, 아이가 태어나도, 하늘의 뜻을 안다는 나이 쉰을 넘어도 익숙한 그 호칭을 바꾸지 못합니다. 호칭은 둘 사이의 문제이니 모른 척하거나 관심을 두지 않을 법도 한데 '오빠'만은 오랜 기간, 남과 북을 가리지 않고 넓은 지역에서 여전히 논란이 되는 것이죠.

전 국민의 선생화, 전 직원의 사장화

> 이런 호칭 사용은 선택의 문제,
> 인위적으로 막을 수 있는 게 아냐

호칭은 아는 사이보다 모르는 사이에서 더 어렵습니다. 아저씨와 아줌마, 그리고 형과 오빠 등은 안면이 있는 사이에서 쓸 수 있습니다. 그러나 설사 부모님 또래로 보일지라도 '아저씨'와 '아줌마'라는 말을 썼다가는 봉변을 당하기 십상이죠. 한때는 이 두 말이 꽤 자연스럽게 쓰이기도 했으나 어느 순간 나이와 결혼 여부에 대한 판단이 개입되었다는 이유로 거부감을 일으키기 시작했습니다. 나아가 아저씨와 아줌마가 무지, 무례, 몰상식, 몰지각의 대명사로 그려지면서 함부로 쓸 수 없는 말이 되었습니다. 이 틈을 파고든 말이 '선생님', 그리고 '사장님'과 '사모님'이죠.

'선생(先生)'은 한자의 뜻으로만 보면 먼저 태어난 사람을 가리키지만 보통은 학생을 가르치는 사람을 뜻합니다. 따라서 남을 가르치는 직업을 가진 사람, 남을 가르칠 수 있을 정도로 학예가 뛰어난 사람에게만 써야 하나 모르는 이를 높이는 말로도 쓰이죠. 물론 '선생'이라고만 쓰면 높이는 뜻이 없거나 자신보다 나이가 적은 이를 부르는 말이니 '님'을 붙여서 써야 합니다. 성이나 직업을 안다면 그 뒤에 붙여도 되고, 모르는 사람이더라도 그저 '선생님'이라고 부르면 되니 꽤 유용한 호칭인 셈이죠. 본래의 뜻이 좋고 그리 불리는 사람의 하는 일이 모두에게 필요한 것이라 생각되니 이 호칭에 대한 거부감을 가지는 이들은 많지 않습니다.

그런데 '선생님'만큼이나 많이 쓰이는 '사장님'이나 이와 유사한 호칭에 대한 시선은 곱지 않습니다. 본래 '사장(社長)'이라 하면 회사라고 불릴 만큼의 규모가 되는 업체의 책임자여야 하지만 구멍가게를 비롯한 개인사업을 하는 이들도 이렇게 부르기 시작했습니다. 회사에 소속된 직원이지만 높이는 의미에서 '사장님'이라 부르게 됐고 급기야는 사장이 될 수도 있을 법한 나이의 모든 남자를 부르는 말이 되었습니다. 덩달아 비슷한 나이 또래의 여자는 선생님이나 사장님의 부인에게나 쓸 수 있는 '사모님'이 되었죠. 사장님이나 사모님이 아닌 것이 분명한 이들, 예를 들면 여성 미화원이나 판매원들도 한술 더 떠서 '여사님'이라 불리기도 합니다. '여사(女士)'는 본래 학덕이 높고 어진 여자를 가리키는 말이니 높여도 너무 높인 듯한 느낌이 듭니다.

호칭의 자유, 무조건 올림의 마법

> 호칭의 변화는 그 말을 쓰는 사람들끼리의 무언의 합의,
> 옳고 그름이나 좋고 나쁨을 논하려면 분명한 대안이 있어야

원칙적으로 호칭은 부르는 사람과 불리는 사람 사이에서 결정할 문제이죠. 손위의 남자 형제는 본래 '오라비'라 불렀고 이를 높일 때는 '오라버니'나 '오라버님'을 썼습니다. 그런데 '오라비야' 정도의 느낌인 '오랍아'에서 '오빠'란 말이 생겨나기 시작했는데 버르장머리가 없어 보이는 이 말이 훨씬 더 친근한 느낌의 말이 되었습니다. 이 말이 가정의 울타리를 넘어 밖에서 쓰이게 됐을 때도 역시 친근함의 표현이었죠. 결혼 후에도

버리지 못하는 것은 역시 나만 바라보기를 바라는 혹은 평생 안길 수 있는 존재가 되기를 바라는 마음의 표현이기도 합니다. 이처럼 '오빠'의 역사는 자연스러운 변화를 겪었고 그 말을 쓰는 사람들의 선택에 의한 것이었습니다.

따라서 '오빠'를 비롯한 '아저씨'와 '아줌마', 나아가 '선생님'과 '사장님', 그리고 '사모님'과 '여사님'이란 호칭은 부르고 불리는 이들이 선택한 것이라면 옳고 그름을 따질 문제가 아닙니다. '진짜 오빠'는 서운할 법도 하지만 그 또한 다른 '가짜 누이'한테 '오빠'라고 불릴 수 있으니 손해 보는 장사가 아닙니다. 진짜 선생님이나 사장님의 처지에서는 '개나 소나' 선생님 혹은 사장님으로 불린다고 불만일 수 있으나 이들은 그렇게 옹졸하지 않습니다. 그런데 부르는 사람이나 불리는 사람이 선택한 호칭인데 그것을 보고 듣는 이들이 시비를 겁니다. 시비에서 그치지 않고 해결책을 제시해야 하는데 마땅한 답을 내놓지 못합니다. '여보, 당신'이 어색한 신혼부부에게 '오빠, 자기'를 대신할 말을 제시하지 못했다면, 모르는 이를 '아저씨, 아줌마'로 불렀다 당할 봉변을 모면할 수 있는 대체재를 만들어 내지 못했다면 그들의 선택을 존중해 주어야 합니다.

호칭의 변화를 살펴보면 '무조건 올림'의 경향을 읽어낼 수 있습니다. 가족 사이에서나 쓰던 호칭을 그 외의 사람들에게 쓰는 것은 그 대상을 가족처럼 친근하게 대하겠다는 마음의 표시입니다. 식당에서 일하는 이들을 '이모님'이나 '삼촌'이라 부르는 것도 마찬가지이죠. 원칙적으로는 '종업원'이라고 부르거나 그도 저도 안 되니 '여기요'라고 어정쩡하게 쓰다가 개발해 낸 호칭이 이것이죠. 모르는 이에게는 절대로 써서는 안 될 것 같은 '아버님, 어머님'이란 호칭을 서비스업 종사자들이 쓰는 것도 마찬가지입니다. 과해 보이지만 이것이 자신의 부모를 대하듯 나를 대하겠다는 마음의 표현으로 최대한 높인 것으로 볼 수 있습니다. '사장님'과 '사모님' 또한 아닌 줄 뻔히 알면서도 무조건 상대를 높여서 나쁠 것이 없다는 것을 아는 그들의 선택이죠.

무조건 올림의 극단적이고도 성공적인 사례는 젊은이들의 말에서 나타나는 '님'에서 찾을 수 있습니다. '님'은 반드시 다른 말의 뒤에 붙여 써야 하는 접미사나 의존명사이니 홀로 쓰일 수는 없습니다. 그런데 1990년대에 PC 통신이 시작되면서 온라인상에서 만나는 대상에 대한 호칭으로 쓰이기 시작했습니다. 가상공간의 속성 때문에 대화 상대가 누구인지 전혀 모르는 상태에서 이용자들은 이름이나 아이디 뒤에 무조건 높임을 나타내는 '님'을 붙이기 시작했습니다. 그리고 어느 순간부터는 그저 '님'으로 상대를 부르기도 했죠. 기존의 어법이나 화법에서는 맞지 않을 수 있으나 이용자들의 선택이었고 이용자 모두가 만족하는 결과를 낳았습니다. 그리고 이 말이 현실에서도 복잡한 모든 관계를 전혀 따지지 않으며 상대를 높이는 말로 쓰이고 있습니다.

'오빠'와 '자기'의 새로운 확산

> 한류 붐에 '오빠'와 '언니'는 이제 국경 초월,
> 더 많은 오빠와 언니들이 세계 속에서 멋지게 활동하길……

가정의 울타리를 넘어간 '오빠'와 '언니'는 이제 국경도 넘고 있습니다. 한류 열풍에 편승해 한국어도 전 세계로 퍼져나가는데 이 두 단어는 독특한 의미와 용법을 보이며 한국어 발음 그대로 쓰이고 있는 것이죠. 멋지고 예쁜 아이돌을 '오빠'와 '언니'로 불러야만 그 감성이 살기 때문이죠. 이것은 이 말들이 단순히 친족 관계나 이웃을 부르는 호칭 이상의 의미가 있음을 방증합니다. 휴전선 너머 북녘에서는 피를 나눈 형제 외에는 오빠라 부르지도 않았지만 지금은 아무리 문을 닫아걸어도 '오빠'와 '자기'의 확산을 막지 못해 고심하고 있습니다. 이는 자생적으로 만들어져 퍼져나간 이 말들을 인위적으로 막을 수 없다는 것을 알려줍니다.

'오빠'나 '사장님'은 죄가 없습니다. 형제자매가 아닌 이를 '오빠'라 부르든, 결혼하고 나서도 남편을 그렇게 부르든 그것은 그들의 선택이죠. 사장이나 여사가 아니어도 부르기에 편하고 불리는 이가 꺼리지 않는다면, 나아가 정감까지 담겨 있다면 그 호칭에는 죄가 없습니다. 모든 호칭에 '무조건 올림'이 적용된다고 해서 심각한 인플레이션이 초래되는 것도 아닙니다. 그렇게 높이는 것이 서로에 대한 존중의 마음을 담은 것이라면 더더욱 그렇습니다. 여기에 그렇게 불리는 이들이 그 호칭에 합당한 행동만 하면 됩니다. 심술쟁이나 욕심쟁이 오빠가 아니면 되고 다른 여자를 바라보지 않고 평생 안아주겠다는 약속을 어기지 않으면 됩니다. 구멍가게든, 대기업이든 건전한 성장을 위해 애쓰면 됩니다. 문제가 있다면 오빠답지 못한, 사장님답지 못한 이들에게 있을 뿐이죠.

제목에 '오빠'가 등장하는 노래의 역사, 친오빠부터 이웃집 오빠, 그리고 같이 살게 될 오빠까지 차례로 등장합니다.

늙어가는 엄마가
혼자가 되지 않으면 좋겠어요.
우리 엄마가 사회적 돌봄
속에 행복하게 살아갈 수
있는 세상이
필요해요

윤석열 대통령 탄핵 촉구 집회에 등장한 다양한 깃발들. 장난스러워 보이는 이들 깃발은 결국 '모두'가 시위에 참여하고 있음을 보여줍니다.

냉장고에 코끼리를
대학원생 넣기 싫은

〔05〕

시위 현장의 말글 변화

처절함 대신 친근함,
지금 시위 구호는 '질서 있는 교체 중'

- 여의도 국회 앞에서 젊은 여성들이 바꾼 집회 문화
- 선동적인 언어보다 일상어 활용

 2024년 12월 3일, 사전이나 먼 나라의 소식을 전하는 뉴스에만 있을 법한 단어 하나가 뜬금없이 우리의 일상으로 뛰어들어왔습니다. 뜻도 발음도 어려운 계엄, 일정한 지역의 행정권과 사법권의 전부 또는 일부를 군이 맡아 다스리도록 대통령이 법률에 의거하여 선포하는 것이랍니다. 그러나 이 단어의 목적이 '군사적 필요나 사회의 안녕과 질서 유지'라는데 그 목적 중 어느 하나에도 동의할 수가 없습니다. 오히려 1979년 이후 45년 만에 홀연히 부활한 이 단어가 사회의 안녕과 질서를 파괴하니 들고일어날 수밖에 없습니다. 불법적인 계엄을 무력화하고, 이 계엄을 선포한 이를 탄핵할 막중한 책임이 있는 국회가 자리한 땅을 비롯해 방방곡곡 저마다의 거리와 광장으로 사람들이 모여듭니다.

이들은 힘차게 외칩니다. 커다란 피켓에 선명한 구호를 써서 내걸고 각양각색의 깃발을 들고나와 흔듭니다. 민중가요라고 분류되는 노래는 물론 과거의 국민가요와 요즘의 '뜨는 노래'까지 다양한 노래를 부릅니다. 한 시대를 풍미하던 촛불을 대신해 좋아하는 가수를 응원하기 위해 소중하게 간직해 오던 응원봉을 반짝이며 각자의 염원을 담아냅니다. 이 또한 말과 글이죠. 외침과 구호는 물론 깃발의 문구와 이들이 부르는 노랫말 모두가 새로운 시대를 상징하는 말과 글입니다. 이 시위 현장에서의 말과 글은 무엇을 보여줄까요? 그 속에 담긴 세월의 흐름은 무엇이며 미래는 어떻게 예고되는 것일까요?

'탄핵해'와 '탄핵하라'의 사이

> 투쟁의 언어에서 일상의 언어로
> 시위 또한 더 나은 세상을 위한 일상이 된 것을 반영

불법적인 계엄이 두어 시간 만에 해제된 이후 모두의 바람은 그것을 선포한 우두머리와 집단들에 대한 '탄핵' '하야' '처벌' 등의 단어로 표출되었습니다. 이러한 바람은 구호에 담겨 모두가 함께 외칠 수 있어야 힘을 발휘합니다. 모두가 함께 외칠

구호는 선명하고 선동적이어야 합니다. 과거에는 그랬죠. 목청이 좋은 이가 뱃속에서부터 끌어 올린 우렁찬 소리로 처절하게 선창하면 같이하던 이들이 힘차게 따라 했습니다. 지금도 그렇습니다. 집회 전체의 사회를 보는 이, 작은 집단의 집회를 이끄는 이가 선창을 하면 마지막 한 마디를 반복하며 따라 합니다. 그런데 묘한 변화가 감지됩니다. 옛 시위 현장에서의 '아지(agitation)'에 익숙한 이들에게는 뭔가 맥없이 들리기도 합니다.

'탄핵해! 탄핵해!'라니요. 이거는 뭐 짝짓기 게임에서 걸린 남녀에게 '뽀뽀해, 뽀뽀해'라고 외치는 것처럼 들립니다. 이래서는 안 됩니다. '해'가 아닌 '하라'가 되어야 합니다. '탄핵해'라는 세 음절이어선 안 되고 '탄-핵-해-라, 탄핵하라, 탄핵하라'와 같이 각 음절을 끊어서 한 뒤 네 음절로 해야 합니다. 단순한 음절 수의 문제만은 아닙니다. '해'도 명령이고 '하라'도 명령이지만 '하라'가 훨씬 더 강렬하게 들리니 그렇습니다. 그러나 아닙니다. 그저 과거의 것에 익숙해진 귀에 낯설게 들리는 것일 뿐이죠. 이 구호의 핵심은 '탄핵'에 있지 '해'나 '하라'에 있는 것은 아닙니다. 중요한 것은 구호의 어미나 음절 수가 아니라 그 구호에 담긴 핵심적인 주장과 그 주장의 절실함에 있습니다.

주변을 둘러보면 왜 '하라'가 아닌 '해'인지 납득이 됩니다. 시대가 달라졌습니다. 화염병과 '짱돌'을 들고 최루탄에 맞서던 시대의 시위가 아닙니다. 붉은 머리띠를 두른 채 거리에 드러눕거나 스크럼을 짜고 '적진'을 향해 돌격하는 시위가 아닙니다. 거리를 가득 메운 이들의 면면을 살펴보면 '전문 시위꾼'이 아닙니다. 집에서 살림이나 잘하라고 핀잔을 받던 '아줌마'들이나 술 마시며 썰렁한 말이나 늘어놓는 '아재'들도 눈에 띄지만 예쁜 응원봉을 들고나온 '젊은 여자 사람'이 눈에 많이 띕니다. 그런 단체가 있을까 싶은, 혹은 얼토당토않아 보이는 단체의 깃발을 휘날리는 '보통 사람'도 보입니다.

'탄핵해'라는 구호가 이들의 말을 닮았습니다. 크고, 높고, 선동적이어서 거부감이 들기도 했던 과거의 구호와 달리 일상의 말투가 그대로 담긴 구호이죠. 집회의 사회를 맡은, 현장에서 눈에 많이 띄는 젊은 여성들의 부드럽고 친근한 말투이기도 합니다. 물론 자유발언에 참여했던 앳돼 보이는 여학생의 말처럼 과거의 시위 현장에서 처절하게 싸우던 이들이 이루어 놓은 터전 위에서 가능한 것이기도 합니다. 그들의 노력 덕에 '보통 사람들'의 민주 의식이 높아졌고 때가 되면 남녀노소를 가리지 않고 모두가 함께 나와 외칠 수 있는 사회가 만들어졌기 때문이기도 하죠.

보통 사람들의 깃발

> 게이머·야구팬 등 '보통 사람들',
> 깃발로 뽐내는 존재감은 모두가 참여하고 있다는 의미

게이머, 오타쿠, 빠순이, 야구팬 등등 별의별 사람이 다 시위

현장에 나왔습니다. 사람들을 붙들고 일일이 물어보지 못했으나 사회를 맡은 이가 호명하는 것을 들으니 그렇습니다. 강아지 발냄새를 연구하는 이, 집에 누워만 있던 이, 화분을 안 죽이는 시민, 수족냉증 환자, 돈 없고 병든 예술인, 고양이 집사도 시위에 동참했습니다. 겉모습만 봐서는 직업이나 취미를 알 길이 없지만 들고 있는 깃발이 그들의 정체를 밝혀 줍니다. 장난일까요? 무릇 시위 현장의 사회자라면 '동지들'이나 '애국 시민 여러분'이라고 호명해야 합니다. 시위에 참여하는 단체라면 '협(協)' '맹(盟)' '단(團)' '연(聯)' '총(總)' 등으로 끝나는 이름을 크고 굵은 글씨로 새긴 깃발을 들고나와야 합니다.

시위를 '투쟁'으로 여겨 오던 이들의 눈에는 불편할 수도 있겠습니다. '시위꾼'으로 원치 않는 낙인이 찍혀 왔던 이들은 장난스러워 보이는 이들과 함께하는 것이 거북할 수도 있겠네요. 이들을 폄훼해서 부르기에 딱 좋은 말은 '개나 소나'일 것이죠. 그러나 소극적으로 의미를 부여하자면 이들은 '보통 사람들'일 것이고 적극적으로 의미를 부여하자면 이들 중 상당수는 시위에 절대로 나오지 않을 것 같은 사람들일 것입니다. 장난스러워 보이는 이들 깃발은 결국 '모두'가 시위에 참여하고 있음을 보여줍니다. 이 시위가 특정 정치 집단의 의사를 표현하는 것이 아니라 각계각층의 남녀노소 모두의 뜻을 담은 시위인 것을 방증하는 것이죠.

'오늘 하야할 일을 내일로 미루지 말자.' 어딘가 살짝 잘못된 듯해 보이지만 계엄 사태 이후에 등장한 최고의 문구로 보입니다. '해야'와 '하야'의 말장난이지만 이 문구대로 따른다면 국회에서의 탄핵 의결과 헌법재판소의 길고 긴 심의를 가슴 졸이며 지켜보지 않아도 됩니다. 이런 상황에서 '내란수괴 처벌하라'라는 강력한 문구도 좋지만 '늙고 지친 직장인을 위해 빠른 탄핵, 빠른 구속'이란 재치 있는 문구도 이야깃거리를 만들어 주니 더 좋습니다. 이 또한 장난이 아닙니다. 강하고 선명한 주장이 직설적인 문구에 담겨야만 하는 것은 아닙니다. 진지해 보이지 않고 우스갯소리로 보이기는 하지만 그래서 한 번 더 생각하게 하고 그 주장을 더 강하게 각인시켜 준다면 오히려 그것이 더 효과적이죠.

'아파트'와 '다만세'

> 시위 현장에서 함께 부르는 다양한 노래들
> 세대를 초월한 감성을 보여줘

'별빛이 흐르는 다리를 건너, ○○○ 탄핵!' 이런 케케묵은 사랑 타령 노래가 탄핵 시위 현장에서 쓰일 것이라고는 상상하지 못했습니다. 시위 현장에서 불릴 노래라면 「농민가」, 「반전반핵가」, 「전대협 진군가」는 아니더라도 「임을 위한 행진곡」이나 「아침이슬」 정도는 되어야 합니다. 그런데 술자리 게임에서 유래한 로제와 브루노 마스의 「아파트」가 나오더니 덩달아 40여 년 전에 윤수일이 불렀던 같은 제목의 노래까지 소환됩니다. 이 노래로 어떻게 자신들의 주장을 담을까 의아했지만, 노래의 마디마디마다 적절한 구호를 끼워 넣습니다. 이러한 방식은 자신이 좋아하는 가수의 노래를 들으며 염원과 응원을 담아 외치던 것이었는데 이것이 '탄핵'이라는 무시무시한 주장을 담는 데까지 쓰입니다.

지드래곤의 「삐딱하게」, 방탄소년단의 「불타오르네(FIRE)」, 박미경의 「이유 같지 않은 이유」, 손담비의 「토요일 밤에」 또한 전혀 예상치 못한 노래들입니다. 그러나 지드래곤과 별로 친하지 않았던 세대들도 이 노래에서 저항의 정신을 배웁니다. 방탄소년단의 노래에서 불타오르는 마음을 느끼면서 계엄 사태의 주범을 해고(fire)하고자 하는 열망을 드러내기도 합니다. 박미경의 노래를 부르면서 이유 같지 않은 이유를 대는 이들을 야유하며 손담비의 노래처럼 토요일 밤에 탄핵 의결이 되기를 염원합니다. 이전의 민중가요 혹은 시위용 노래가 직접적인 주장을 담은 것이었다면 이런 노래들은 노랫말로 이야기를 구성해 내면서 의지와 소망을 드러낸다는 점에서 새로운 의의와 가능성을 보여줍니다.

시위 현장의 여러 노래 중에서 가장 깊은 울림을 준 것은 역시 소녀시대의 「다시 만난 세계」입니다. 네 박자의 행진곡풍에 익숙한 이들은 절대로 따라 부를 수 없는 길고 복잡한 가사의 노래이지만 응원봉을 들고나온 젊은이들은 물론 그 윗세대도 열심히 배워 따라 부릅니다. 그렇게 다시 만난 세대가 '대한민국은 민주공화국이다. 대한민국의 모든 권력은 국민으로부터 나온다'는 지극히 단순하지만 준엄한 선언의 '헌법 제1조'를 같이 부릅니다. 서로가 갈등하는 것만 부각되던 세대끼리 다시 만나 다시 만날 세계를 꿈꾸면서 부르는 새로운 노래들 또한 새로운 변화를 상징적으로 보여줍니다.

말과 글의 조용한 퇴진과 질서 있는 교체

> 시위 현장에서 보이고 들리는 말의 변화는
> 곧 우리 말글 변화의 축소판

2024년 12월 3일의 계엄 사태에 같이 책임을 져야 할 이들은 '조용한'과 '질서 있는'을 외쳤지만 허무한 수사에 불과한 것으로 결론이 났습니다. 그러나 이 사태와 관련된 시위 현장에서의 말과 글은 묘하게도 '조용한 퇴진'과 '질서 있는 교체'를 보여줍니다. 이 시위에서 가장 눈길을 끈 부류는 '젊은 여성'입니다. '심심한'과 '사흘'을 모른다고 문해력 또는 어휘력을 의심받았던 세대이죠. 차별과 비하를 견뎌 오다가 극심한 남녀 갈등 상황에서 불거진 여대의 시위 때문에 손가락질을 받던 이들입니다. 그런데 이들이 거리와 광장에서 들려주고 보여준 구호, 문구, 깃발, 노래는 말과 글의 조용하고도 질서 있는 변화를 나타내 줍니다.

'심심한 사흘'을 모르는 이들이라면 '계엄' '탄핵' '하야' 등의 어려운 말도 당연히 몰라야 했고 오로지 '저쪽 성별'만을 아는 이들이라면 거리와 광장으로 나오지 않아야 했습니다. 그런데 나이를 거꾸로 먹은 무도한 자들이 이런 단어들을 이들에게 알리고 거리와 광장으로 불러냈습니다. 이들은 갖가지 깃발을 들고 '하라'가 아닌 '해'로 구호를 외칩니다. 크리스마스 분위기에 들뜰 법도 하지만 '오늘 하야할 것을 내일로 미루지 말라'거나 '펠리스 나비다드(Feliz Navidad)' 대신 '탄핵이 답이다'란 노래를 부릅니다. 화염병을 대체한 촛불 대신 응원봉을 들고 춤추며 자신의 의사를 표현합니다. 시위 현장의 말과 글이 이들에 의해서 조용히 바뀌었습니다.

이러한 변화를 못마땅해하는 사람도 있지만 대다수가 흐뭇한 마음으로 바라보고 있습니다. 어차피 미래는 이들의 것이고 말 또한 이들의 말로 바뀌어 나갑니다. 지금은 '젊은 여자 사람'에게 주목하고 있지만 바라보는 이들 또한 한때는 '젊은'이란 수식어가 붙었었고 늘 '사람'으로 살아왔습니다. 지금의 이들도 머잖아 '늙은 사람'으로 살아가며 새로운 젊은 사람에게 자리를 양보합니다. 언어의 변화를 주도하는 부류로 '젊은 여성'을 꼽는 이들이 많습니다. 사회적으로는 큰 힘이 없어 보이는 부류이지만 언어의 변화는 이들로부터 시작되고 세월이 흐르면서 이 변화를 '모든 사람'이 공유하게 됩니다. 그렇게 '젊은'은 '늙은'으로 바뀌면서 조용하게 퇴진하게 되고 말과 글은 질서 있게 교체됩니다.

5 말과 글의 최전선

1982년에 발표된 윤수일의 「아파트」와 2024년에 발표된 로제와 브루노 마스의 「Apt.」, 40여 년의 세월을 지나면서 우후죽순처럼 늘어난 아파트처럼 우리의 노랫말에도 외래어와 외국어가 늘어났습니다.

[01]

노랫말

노랫말·제목 영어 물결,
시대 흐름 맞춘 유행일까, 몰입 방해일까

멋진 외모와 화려한 춤에도 가사·가수 이름 '생경',
노래 집중 어려워

「아파트」란 노래가 전 세계적으로 인기라니 반가운 마음에 들어봅니다. 그런데 노래 제목이 「APT.」여서 살짝 의심이 갔는데, 가수의 이름을 보니 로제(ROSE)와 브루노 마스(Bruno Mars)여서 속았다는 느낌이 확 듭니다. 노래는 "띵동띵동" 하는 초인종 소리로 시작되어야 하는데 젊은 친구들의 술자리 게임에서 반복해서 들리던 가사, 가락, 장단으로 시작됩니다. 그렇습니다. "별빛이 흐르는 다리를 건너 바람 부는 갈대숲을 지난" 그곳이 모두 아파트 단지로 변해 버린 지금, 노래가 나온 지 40년이 흐른 지금에 그 노래가 다시 유행할 리가 없습니다. 지금은 K팝이 세계적인 인기를 누리는 시대, 성과 이름을 합쳐 세 음절로 된 이름의 가수가 '순우리말'로 노래를 불러야만 하는 시대는 아닙니다. 세계적인 가수마저 한국식으로 '아파트'를 발음하며 우리 가수와 함께 노래를 부르는 시대입니다.

　내친김에 '요즘 노래'의 최전선에 가보고자 두 시간 동안의 줄서기와 바닥 대기를 견디며 매주 진행되는 음악 순위 프로그램의 생방송에 참여해 봅니다. 아무리 둘러봐도 노랗고 빨간 머리는 있어도 흰머리 방청객은 없어 주눅이 들던 차에 뒤늦게 합류한 '제이디 일(JD1)'을 응원하는 또래 여성들 덕에 마음이 놓입니다. 그런데 한 시간이 조금 넘는 방송 시간인데 도무지 집중이 안 됩니다. 점잖은 외모의 가수가 부르는 느긋한 장단에 유려한 가락을 기대한 것은 아니니 젊은 가수들의 예쁘고 멋진 외모와 화려한 춤에 반할 만도 한데 노래가 귀에 들어오지 않습니다. 그도 그럴 것이 가사는커녕 노래를 부르는 가수들의 이름조차도 잘 모르겠습니다. 왜 이 풍경에 몰입하지 못하는 것일까요?

가요 100년, 2만 6,000여 곡의 결론

> '유행가'는 '내가 너에게 들려주는 사랑 고백',
> 100여 년의 가요 속 큰 흐름

'대중가요' 혹은 '유행가'라고 분류되는 노래가 이 땅에서 불리기 시작한 지 100여 년, 노래방에서 인기를 끄는 노래를 중심으로 2만 6,000여 곡을 분석해 책을 펴낸 기억을 떠올리며 자료를 뒤적여봅니다. 1923년 박채선과 이류색의 「이 풍진 세월」부터 2016년 방탄소년단의 「불타오르네(FIRE)」까지의 노래를 분석해 보면 모든 노래는 '내가 너에게 들려주는 사랑 고백'이었습니다. 제목이든, 가사든 가장 많이 등장하는 말은 '나'와 '너'이고 일반명사는 '사랑'이니 우리의 대중가요는 결국 '사랑 타령'이죠. 일상에서 가장 많이 쓰이는 명사는 '사람'이고, '사랑'은 빈도순으로 12위인 데 반해 노랫말 속에서는 압도적인 1위이니 그리 기억되는 것은 당연하죠.

그래도 '노래가 된 시'가 있었고 '시가 된 노래'도 있었죠. 가장 한국적인 정서와 운율을 담은 김소월의 시, 그리고 서정주, 박두진, 정지용, 고은, 정호승의 시가 노래로 만들어져 선율과 함께 노랫말 자체가 음미의 대상이 되기도 했습니다. 조용필이 부른 「슬픈 베아트리체」와 이소라가 부른 「바람이 분다」는 그 어떤 시보다도 더 시답다는 평을 받기도 했습니다. 노래는 '입으로 부르는 것'이고 입에서 나오는 것은 곧 '말'이니 모든 노래는 가락 및 장단과 함께 노랫말 자체를 부르는 이나 듣는 이 모두가 중시했습니다. 그래서 세월이 흘러 가락과 장단은 기억나지 않더라도 노랫말은 남아서 흥얼거리고 곱씹을 수 있었죠.

그런데 노래가 길어지기 시작했습니다. 시조 정도 길이의 가사로 절을 바꾸어 2~3절까지 부르던 것이 어느 순간부터 절의 구분이 없어지더니 마냥 길어졌습니다. 맥락을 알 수 없는 외국어, 특히 영어가 끼어들었습니다. 무슨 말인지 알 수 없는 후렴구가 반복됐고 젊은 아이들이 떼 지어 나와서 노래를 부르는 일이 잦아졌습니다. 노래는 귀로 듣는 소리였는데 어느덧 눈으로 보는 춤이 더 중요해진 듯했고 젊은 아이들은 춤을 추느라 헐떡이다 보니 노랫말을 제대로 소화하지 못하게 되었습니다. 노랫말은 길어졌지만 맥락이 모호한 가사와 알 수 없는 외국어 추임새가 덧붙어 무슨 소리인지 알 수 없는, 그래서 관심을 가지지도 않는 노래가 돼버렸죠.

"진짜 옛날 노래는 노래에 충실했던 것 같아요. 가사도 쏙쏙 들어오고 요즘 노래는 노래가 노랜지." 40년 전 「아파트」의 뮤직비디오에 달린 댓글이죠. 제이디 일, 아니 제이디 원이 아닌 그의 본명 정동원에 익숙한 이들이라면 많은 이들이 공감할 만한 댓글입니다. 그들이 젊었을 때 즐겨 들었던, 그래서 지금도 가끔 가슴속에서 꺼내어 듣는 노래들은 노래에 충실했고 가사도 쏙쏙 들어왔습니다. 그런데 요즘 노래는 노래도 아닙니다. 그러나 과연 그런가요?

2024년 10월 넷째 주의 '요즘 가수'

> 'BAEKHYUN'부터 'QWER'까지,
> 어떻게 불러야 할지 난감해하는 이들도 많아

요즘 노래는 노래도 아니라고 하려면 '느낌적 느낌'이 아닌 구체적 자료에 바탕을 두어야 합니다. '요즘 노래'를 제대로 분석해서 가요 100년 혹은 예전의 '진짜 노래'와 비교해 보아야 합니다. '요즘'을 어떻게 설정할지, 그 기간에 나온 어떤 노래를 대상으로 할지 알 수 없으니 생방송을 지켜봤던 그 프로그램에서 선정한 순위 50위에 드는 노래만을 대상으로 분석해 봅니다. 표본이 작아 정확한 비교는 어렵겠지만 '요즘'의 모습을 훑어보는 데는 부족함이 없습니다.

이 50곡은 모두 우리 노래인가요? '우리 노래'에 대한 정의는 다양할 수 있지만 '우리 가수'가 부른 노래여야 한다는 것은 분명한 조건 중 하나이죠. 그런데 'QWER'부터 '어반 자카파'까지, 나아가 'HYNN(박혜원)'까지 부른 이의 이름만 보면 자그마치 36곡은 우리 노래가 아닙니다. 'QWER'은 어떻게 읽어야 하고, '어반 자카파'는 무슨 뜻인가요? '로이 킴'이야 그렇다 쳐도 '백현'이란 이름이 분명히 있는데 굳이 'BAEKHYUN'을 붙여 놓은 이유는 무엇일까요? 어린 나이에 그토록 구성지게 노래를 불러 아저씨, 아줌마의 가슴을 울린 정동원마저 'JD1'이란 알 수 없는 이름으로 배신하다니 통탄할 노릇이죠. 단한 주이기는 하지만 요즘 노래 50곡 중 단 14곡만이 우리 노래입니다.

아닙니다. 그렇게 말해서는 안 됩니다. "사랑해 당신을 정말로 사랑해"란 가사로 사랑 고백을 해본 이들이라면, 이 노래를 부른 듀엣의 이름이 개구리와 두꺼비란 뜻의 이탈리아어 '라나에로스포(Lana Et Rospo)'였다는 것을 아는 이들이라면 그렇게 말해서는 안 됩니다. 대한민국 록 음악의 전설 신중현은 '에드 휘(Add 4)'라는 이름으로 활동했고, '원더걸스(Wonder Girls)' 이전에는 '토끼소녀'가 '바니걸스(Bonny Girls)'라는 이름으로 활동하기도 했습니다. 록 그룹의 이름은 왠지 '활주로'보다는 '런웨이(Runway)'가 어울린다고 생각하며 이후에도 수없이 많은 이들이 서양식 이름을 쓰면서 활동했던 가수들에 열광했다면 요즘 가수의 이름을 꼬집으며 비판할 자격이 없습니다.

이들의 이름을 최초의 K팝 그룹 '김시스터즈(The Kim Sisters)'와 비교해 보시죠. 과거의 서양식 이름 중 상당수는 서양을 동경하거나 흉내 내려는 것이었습니다. 그러나 김시스터즈란 이름은 미국 무대에서 활동하기 위해서 필연이었죠. 지금은 다릅니다. 많은 가수들이 전 세계를 무대로 활동하고자 하고 이미 그렇게 하고 있습니다. K팝이 전 세계로 뻗어나가는 것을 반가워하는 이라면 세계를 무대로 활동하고자 하는 이들인데 이름으로 시비를 거는 것은 바람직하지 않습니다. 우리 이름 뒤에 로마자 이름을 붙이는 것, 본래의 이름을 외국인이 발음하기 편하게 살짝 바꾸는 것 모두 '우리 노래'를 한국인만의 노래가 아닌 세계인을 위한 노래로 만들려는 노력의 일환이죠.

2024년 10월 넷째 주의 '요즘 노래'

> 세계 무대 진출 이유 확산,
> 맥락 상관없이 습관적으로 붙인 말 상당수

제목인들 다를까요? 50곡의 제목을 띄어쓰기 단위인 어절별로 단순하게 비교해 보아도 90어절 중 42어절이 외국어이고 38어절은 아예 로마자로만 표기해 놓았습니다. 'Mantra'는 '주문'이란 뜻의 인도어가 영어로 차용된 것이니 웬만해서는 알 수 없습니다. 'GGUM'은 '껌'이라는데 'Gum'이 토착화하다 못해 표기까지 바뀌었고, 'NA'는 1인칭 '나'일 텐데 이리 써놓으니 신기할 따름이죠. 고양이 소리를 가리키는 'MEOW'를 부르는 그룹 이름은 'MEOVV'이니 제목과 가수가 정신없이 헷갈리고 그 뜻도 헷갈립니다. 이쯤 되면 이 제목들을 열심히 뜯어보고 찾아볼 사람만 들으라는 것이죠.

맞습니다. 정동원이 JD1이란 댄스 가수 '부캐'로 변신했어도 「책임져」라는 노래 제목에 안심하는 이들, 그의 공연 영상에 "찢었다"라는 댓글을 달면서 닉네임은 '천송이만송이'를 쓰는 이들을 위한 노래는 아닙니다. 같은 시대, 같은 공간을 살면서도 저마다 삶의 영역이 다르듯이 이들을 위해서는 '미스'와 '미스터'들, 나아가 일본의 가수들까지 나와 옛노래를 들려주는 수없이 많은 프로그램이 있습니다. 반면에 콘서트장뿐 아니라 가수들의 일상까지 따라다니며 열광하고 영상과 자료를 찾아보는 이들도 있는데 '요즘 노래'는 이들을 위한 노래이죠. 물론 '이들'은 한반도에만 국한되어 있는 것이 아니라 전 세계에 퍼져 있고 그들에게는 이런 제목이 더 편하죠.

성인가요를 좋아하는 이들에게는 「당신 편」이 있고, 발라드를 즐기는 이들에게는 「고마웠어 내게 와줘서」란 노래가 있습니다. '록/메탈'로 분류되는 「내 이름 맑음」과 「청춘만화」라는 편안한 제목의 노래가 있고, '포크/블루스'로 분류되는 「첫사랑」이 있습니다. 결국 '요즘 노래' 모두가 댄스와 힙합은 아니니 여전히 찾아서 들을 수 있는 노래가 있는 셈이죠. 대중가요의 절대적 가치 중 하나는 상업성, 팔리는 노래를 만들어야 하는데 음반과 음원을 사고 콘서트장을 찾아서 돈을 쓰는 이들을 위한 노래가 많은 것은 당연한 이치입니다. 자신이 즐길 수 있는 노래와 프로그램이 충분히 있는 상황에서 듣지도, 돈을 쓰지도 않을 노래를 욕해서는 안 됩니다.

가사는 어떤가요? 가장 많이 나타나는 단어는 역시 '나'와 '너'이고, 명사 1,823개 중 가장 높은 빈도를 보이는 것은 63회가 나타나는 '사랑'이죠. 이는 요즘 노래 역시 '내가 너에게 들려주는 사랑 고백' 혹은 '사랑 타령'이란 사실을 입증해 줍니다. 명사 중 그다음으로 많이 등장하는 것이 '아파트'인데 이는 「APT.」란 노래의 특성 때문이기도 하지만 요즘 노래의 전반적 특성도 잘 보여줍니다. '아파트'는 일반명사이기는 하지만 이 노래에서는 반복적으로 나타나는 게임의 구호일 뿐입니다. 요즘 노래의 가사가 길기는 하지만 이와 같은 의미 없는 단어의 반복이 많습니다. 노래가 길어졌지만 특별한 의미를 담기보다는 화려한 무대를 채우기 위해 '말'이 아닌 '소리'로 활용되고 있음을 보여줍니다.

　많은 이들이 걱정스레 혹은 혀를 끌끌 차며 바라보는 영어 가사는 1만 2,000여 어절 중 5만 5,000여 어절이나 됩니다. 이쯤 되면 반만 우리말인 셈입니다. 이 노래를 듣는 이들이 반은 영어로 말해도 통할 정도의 능력을 가지고 있나요? 이러다 이들은 우리말을 잊는 것은 아닐까요? 염려할 일이 아닙니다. 영어 역시 'I, you, me' 등이 압도적으로 많고 대부분이 중학교 수준의 기초적인 단어입니다. 이런 단어로 구성된 영어 문장조차도 맥락과는 전혀 상관없이 습관적으로 붙는 말들이 상당수입니다. 고려가요 「가시리」를 부를 때 "위 증즐가 太平聖代"를, 「청산별곡」을 부를 때 "얄리얄리얄라셩"을 의미 없는 후렴구로 붙이는 것과 마찬가지이죠. 100년간의 대중가요 전체에 쓰인 영어 노랫말을 분석해 보면 100개 단어가 가사의 60퍼센트를 차지하고 있습니다. 우리 노래에 영어가 들어와봤자 의미 없는 후렴구 수준 혹은 뻔한 말이 양념 수준으로 들어와 있다는 것이고 요즘 노래도 전혀 다르지 않습니다.

　젊을 때 노래를 많이 듣고 나이가 들면 '옛날 노래'를 듣는 것이 아니라 '젊었을 때'의 노래를 듣는 것이죠. 옛날에는 요즘 노래를 듣다가 요즘에는 옛날 노래를 듣습니다. 지금 요즘 노래를 듣는 이들은 세월이 흐르면 옛날 노래를 들으며 미래의 요즘 노래를 탓할 것입니다. 노래는 그렇게 세월 따라 흐르기 때문에 '유행가(流行歌)'라고 말합니다. 지금의 흐름이 탐탁지 않은 이들이 많겠지만 모두가 함께 만들고 들으면서 여기까지 흘러온 것이고 또 앞으로 흘러갈 것입니다. 그리고 그 노래가 전 세계로 퍼져나가고 있습니다. 40여 년 전에 만든 「아파트」 뮤직비디오를 보면 멋쟁이 오빠 윤수일이 'APT'란 글자가 커다랗게 쓰인 티셔츠를 입고 노래를 부릅니다. 2024년에 만든 「APT.」 뮤비를 보면 로제와 브루노 마스가 끊임없이 한국식 발음으로 '아파트'를 외칩니다. 결코 우연이 아닌 이 장면은 우리 대중가요의 역사와 유유한 흐름을 상징적으로 보여줍니다.

(위) 「왜 돌아보오」에서 '사랑'이란 말을 '유행가 가사'라고 못 박은 윤복희와 「유행가」에서 '유행가'를 '사랑, 이별, 눈물이 담긴 그 시절 그 노래'라고 정의한 송대관. 유행가를 부르는 이들이 노랫말을 통해 유행가에 대한 명쾌한 정의를 내렸습니다.
(아래) 매주 인기 가요의 순위를 매겨 주는 프로그램, '인기 가요'라고 하지만 밤하늘의 별처럼 많은 노래들이 등장했다가 이름도 기억되지 못한 채 사라지기도 합니다.

'노가다판'이라고 불리는 공사 현장에서 일하는 노동자를 여전히 '노가다'라고 지칭하는 경우가 많습니다. 무엇이라 부르든 이들은 토목과 건축 전문가들입니다.

[02]

현장 전문가의 말

'노가다 용어'라며 시비 걸기보다
'건설 전문가의 말'로 존중해야

> 근대 이후 서양의 전문용어를 일본을 통해 받아들여,
> 뜻과 발음에서의 왜곡이 나타날 수밖에

대파 알우? 기계 설계와 제작을 담당하는 현장에서 엉뚱하게도 대파를 아는지 묻는 듯한 말이 들립니다. 이들의 표기와 발음대로 하면 '데파'와 '아루'이죠. 오랜 세월 동안 기름밥을 먹이 온 이들끼리는 잘 통하는 말이지만 공학을 전공해 기계와 가공에 대해 전문적으로 배운 젊은이들도 모릅니다. 그들은 대학에서 '테이퍼(taper)'와 '래디우스(radius)'로 배웠으니까요. '데파'는 원통을 예로 들면 한 면에서 다른 면으로 갈수록 원의 지름이 점점 줄어드는 것, 즉 중심선을 기준으로 약간 기울어지는 것을 가리킵니다. '아루'는 반지름을 뜻하는 'radius'

의 머리글자 'R'을 일본식으로 읽은 것으로 날카로운 모서리를 일정한 반지름값으로 둥글게 가공하는 것을 뜻합니다.

왜 이런 상황이 나타나게 되었을까요? '테이퍼'와 'R'이 일본에서는 '데파'와 '아루'로 발음되고 이것이 그대로 들어온 탓이니 일본어의 엉터리 발음과 그것을 그대로 따라 하는 이들에게 책임을 돌릴 만합니다. 그러나 이는 근대 이후의 외래어를 바라보는 적절한 시각이 아닙니다. '데파'는 '빗각'이라 하고, '아루'는 '둥근 면치기'로 풀어서 설명하면 되지 않을까요? 이렇게 하지 않은 것, 혹은 하지 못한 것에는 분명한 이유가 있습니다. 공장뿐만 아니라 '노가다판'과 산업 현장에 넘쳐나는 이런 외래어는 '일본어의 잔재'라고 치부해 '청산'이나 '순화'의 대상만으로 보기 이전에 더 중요한 본질을 들여다보아야 합니다.

'노가다판'의 말

> 온통 일본어투성이인 '노가다판'의 말,
> 일본을 통해 건축 기술을 도입한 과정에서 나타난 현상

오야지의 지휘 감독을 받으며 데모도와 시다가 일하다 함바에서 점심을 먹고 해 질 무렵에 시마이를 하는 노가다판의 일본어는 꽤 잘 알려져 있습니다. '오야지'를 '우두머리'로 바꾸라고 해도 안 바꾸고 대안으로 제시되는 한자어 '십장(什長)'마저

도 일본어가 아닌가 의심하게 만듭니다. 숙련공을 돕는 '데모도'와 '시다'를 '조력공'과 '조수'로 바꾸라 해도 요지부동이죠. '현장 밥집'으로 써도 될 듯한데 굳이 공사 현장에서 '밥 먹는 곳'을 뜻하는 '함바(はんば, 飯場)'가 여전히 쓰입니다. 일을 '끝맺음'하면 될 것을 꼭 '시마이'라 해야 직성이 풀립니다. 이러니 공사 현장을 뜻하는 '노가다판'은 '개판' 혹은 '막장'과 비슷한 느낌을 주고 이곳에서 일하는 '노가다'는 무식쟁이 취급을 받습니다.

부로꾸에 세멘을 발라 벽을 쌓거나 반네루로 거푸집을 만들어 공구리를 치는 것은 어떤가요? 구라인다로 갈아내고 빠께쓰에 담긴 뺑끼를 로라로 칠하는 것은 또 어떤가요? '블록(block)'이라 해도 되고 벽돌이라 해도 됩니다. '시멘트(cement)'와 '패널(panel)'이란 정확한 영어로 하지 못할 거면 '양회'와 '널빤지'로 바꾸어 쓰면 됩니다. '콘크리트(concrete)'의 대용어로 제시되는 한자어 '혼응토(混凝土)'가 영 어렵고 맘에 들지 않는다면 최대한 발음이라도 원어에 가깝게 하려고 노력해야 하지 않나요? '그라인더(grinder)' '버킷(bucket)' '페인트(paint)'는 못 들어봤는가요? 너무도 무식해 보입니다.

그러나 그렇게 함부로 말해서는 안 됩니다. 공사 현장에서 땀 흘려 일하는 이들과 이들의 말을 매도하는 이들은 집의 벽에 못 하나라도 제대로 박고 정확한 치수로 톱질을 할 수 있나요? 공사 현장은 다양한 자재를 전문적인 공구로 다뤄 집을 비롯해 우리에게 필요한 구조물을 만드는 곳이죠. 이곳에서 일하는 이들은 이와 관련된 전문적 기능을 가진 이들입니다. 이렇게 전문가들이 전문적인 공구와 자재를 다뤄 일을 수행하는 곳에서는 전문용어가 있기 마련이고 이들은 전문용어로 소통합니다. 이들은 무식쟁이가 아니라 공사 현장의 전문가들입니다.

전문적인 기술을 배운다는 것은 그 기술과 관련된 각종 개념과 용어를 익히고 그것으로써 다른 이들과 소통할 줄 아는 능력을 배우는 것이죠. 서구에서 발달한 기술이 들어올 무렵 우리 앞에 일본이 있었죠. 우리는 먼저 기술을 배우고 식민 통치를 하게 된 이들로부터 기술을 배웠습니다. 이들에게 배운 용어가 영어를 비롯한 서양어인가, 혹은 일본어나 일본식으로 변형된 서양어인가는 중요하지 않습니다. 이들은 언어를 다루는 이들이 아니라 전문적인 기술을 다루는 이들이니 일본에서 쓰는 용어를 그대로 수용했을 뿐이죠. 이들이 사는 세계 밖 사람들의 귀에는 거슬리는 말이지만 이들에게는 '밥벌이'를 하는 데 꼭 필요한 소중한 말입니다.

'나나인치 씨'와 '도무송 씨'를 위한 변명

> 재봉·인쇄업 분야 등도 상황은 비슷,
> 빠르고 정확한 소통을 위해 그들끼리만 통하는 기술 용어

또 다른 현장에서 우리에게 꼭 필요한 일을 하면서 치열한 밥벌이를 하는 이들이 있습니다. 박노해의 시를 가사로 만든 노

래 「시다의 꿈」에서 '드르륵 득득 미싱을 타고' 끝도 없이 옷을 만드는 '시다'들이죠. 이들의 세계에도 전문용어가 있는 법, '나나인치'와 '큐큐(QQ)'가 그것입니다. 옷을 만들 때 꼭 필요한 것이 단춧구멍인데 이것에 특화된 재봉틀을 전문 회사인 '싱어(singer)사'에서 만듭니다. 이 회사는 개발 순서에 따라 모델 이름을 붙이는데 71번과 99번이 이 용도의 재봉틀입니다. 뭐든지 줄여 쓰기를 좋아하는 일본에서는 그들의 숫자 읽기 방식대로 71번을 '나나이치(ナナイチ)'라 하고 99번을 '큐큐(きゅうきゅう)'라 불렀습니다.

근대의 봉제 기술을 일본을 통해 배웠으니 봉제 기술자들은 이 용어를 그대로 가져다 썼죠. 그런데 일본어를 잘 모르는 사람들 사이에서 이 용어가 입으로 전해지다 보니 엉뚱하게 변합니다. 숫자 1이 일본어에서 '이치'로 읽히는 것을 모르는 이들은 '인치(inch)'로 착각해 '나나이치'를 '나나인치'로 바꿉니다. '큐큐'가 숫자 99인 것을 모르고 발음만 보고 알파벳을 떠올려 'QQ'로 쓰기도 합니다. 그나마 이런 표기와 용법은 재봉 관련 종사자들만 쓰고 재봉틀 판매점이나 봉제 거리에서만 써서 잘 알려지지는 않았습니다. 그러나 기원과 변화 과정을 알고 나면 '무식에 무식'이 겹친 상황이죠.

'잉큿밥'을 먹는 인쇄업자들 사이에서도 정체 모를 용어가 쓰입니다. 인쇄와 동시에 날이 있는 프레스로 눌러 종이를 오려내는 기술을 뜻하는 '도무송'이 그것이죠. 이 기계를 생산하는 영국 회사의 이름이 '톰슨 프레스(Thomson Press)'다 보니

이 기계는 '톰슨기'로 불렸습니다. 일본 사람들은 자연스럽게 '토무손(トムソン)'이라 했는데 이들로부터 기술을 배운 이들의 귀에는 '도무송'이라 들렸습니다. 이렇게 변형된 도무송은 지금도 인쇄업에서 널리 사용되는 전문용어죠. 인쇄업은 공사판이나 봉제업보다 훨씬 좁은 영역이니 잘 알려지지 않은 사례일 뿐 알고 보면 이 역시 '무식 곱하기 무식'의 상황이죠.

그러나 이 또한 그렇게 말해서는 안 됩니다. 집 안에 재봉틀이 있더라도 단춧구멍 가공 기능은 없으니 보통 사람들은 71번과 99번 재봉틀을 접할 일이 없고 쓸 줄도 모릅니다. 거대하고 복잡한 인쇄 기계는 더 말할 것도 없어 톰슨 프레스에는 누구도 감히 손을 대지 못합니다. 전문적인 분야에서 전문적인 기능을 가진 이들이 그들끼리 소통하기 위해 쓰는 말이죠. 이것을 굳이 '71번 재봉틀'과 '99번 재봉틀' 혹은 '압착 가공이 포함된 인쇄 기계'라 쓸 필요는 없습니다. 빠르고 정확하게 통할 수 있는 말이면 되지 않나요?

유식무죄와 무식유죄의 심리

> '노가다판'과 'OR(operating room)'을 가리지 않고
> 모든 전문 분야에는 그들만의 용어가 있어

재봉과 인쇄 분야에서도 '노가다판'과 비슷한 양상으로 정체 모를 외래어가 많이 쓰이지만 유독 비난의 화살은 공사 현장

과 그곳에서 일하는 이들에게 집중됩니다. 이는 이 분야에 특별히 문제가 심각해서일 수도 있지만 이 현장이 우리와 매우 가깝게 있고 많은 이들이 이 현장에 참여하기 때문이죠. 인간의 삶에서 의식주는 필수인데 이 중에 집짓기는 꼭 필요하면서도 기술이 많이 필요한 대상입니다. 일손이 많이 필요하니 많은 사람이 '데모도'나 '시다'로 참여해서 현장의 말을 듣습니다. 주변에서 공사 현장은 늘 볼 수 있으니 이곳에서 쓰이는 말들을 많은 사람이 듣습니다. 많이 들으니, 못 들어본 말이니, 그것도 일본어와 일본에서 변형된 외래어이니 시비를 많이 삼을 수밖에요.

사실 요즘 가장 많이 접할 수 있는, 외래어인지 외국어인지가 차고 넘치는 것은 의학 드라마죠. 이 드라마의 오알에서는 서전이 너스의 어시스트를 받으며 메스로 수술을 합니다. 수시로 바이털을 체크해야 하고 카디악 어레스트가 오면 씨피알을 해야 합니다. 한마디도 못 알아듣겠지만 걱정하지 않아도 됩니다. 자막에서는 'OR·operating room: 수술실' '바이털·vital: 환자의 활력 징후' '카디악 어레스트·cardiac arrest: 심정지' 'CPR·cardiopulmonary resuscitation: 심폐소생술'이라고 친절하게 설명해 줍니다. 이런 장면이 하도 흔해지다 보니 '서전(외과의사)' '너스(간호사)' '어시스트(보조)' '체크(확인)' 등은 누구나 알 수 있는 말이 되었습니다.

왜 이들에게는 분노하거나 비난하지 않나요? 이들의 말을 들어보면 거의 '이두(吏讀)'에 가깝습니다. 우리말을 적어야 하는데 한글은 싫고 한문은 어려우니 변형된 엉터리 한문 표기가 곧 이두입니다. 전문용어를 번역하자니 어렵고, 영어로 온전한 문장을 구성할 능력은 없거나 완벽하게 소통하기는 어렵습니다. 그래서 핵심적인 단어는 모두 영어식 전문용어를 쓰되 조사와 어미만 우리말을 쓰니 현대판 이두가 될 수밖에 없습니다. 그러나 촌각을 다투는 수술 현장에서 쓰는 이런 말에 대해 아무도 비난하지 않습니다.

 이러한 자비로움이 노가다판을 비롯한 전문 분야의 영역에서는 왜 발휘되지 않을까요? 수술실이나 의사만큼 덜 전문적이어서 그럴 수도 있습니다. 그러나 노가다판, 그리고 다른 현장의 외래어에 대한 비난 심리에는 '무식유죄(無識有罪)'의 심리가 깔려 있습니다. 많이 배운 사람들이 쓰는 말은 그들의 전문용어로 인정하면서 상대적으로 덜 배웠거나 아예 못 배웠다고 생각되는 사람들의 말에 대해서는 집중포화를 퍼붓는 것이죠. 수술실의 의사, 공사판의 노가다, 청계천의 시다, 을지로의 인쇄공 모두 해당 분야의 전문가인데 말입니다.

공구리에서 콘크리트로

> 말은 '순화'와 '청산'의 대상이 아닌
> '말의 주인'이 자연스럽게 선택하는 것

공사판에서 '공구리'가 사라졌습니다. '공구리'가 차지하던 자리를 '콘크리트'가 대신하고 있다는 말입니다. '공구리'는 '공구리치다' 정도에만 남아 있고 '콘크리트 건물'과 '콘크리트 지지층'이란 말에서 알 수 있듯이 일본식 외래어가 아니라 원어에 가까운 발음으로 대체되고 있습니다. 봉제업계에서 일하는 젊은이들은 '나나인치'나 '큐큐'를 대신할 말을 찾고 있고 인쇄 골목에서는 '도무송' 대신 '톰슨 가공' 혹은 '프레스 가공'이란 말을 쓰고 있습니다. 정체불명의 외래어가 사라지고 우리말로 바뀌거나 원어에 가까운 발음으로 대체되고 있습니다.

왜 이런 변화가 일어났을까요? '국어 순화'를 위한 부단한 노력이 한몫한 것은 분명하죠. 그러나 더 근본적인 이유는 이런 말을 쓰던 이들이 사라졌다는 데 있습니다. '공구리, 나나인치, 도무송'이란 말을 쓰던 이들이 세상을 떠났다는 뜻이죠. 그 자리를 새로운 세대가 대신하고 있습니다. 이들은 세상을 뜬 선배들에게 전문적인 기술과 용어를 배우기도 했지만 학교와 각종 매체를 통해 용어의 정확한 뜻과 본래의 말을 압니다. 그래서 자연스럽게 선배들의 말을 자신들의 말로 대체합니다. 이들은 이전부터 소통해 오던 말도 쓰지만 자연스럽고도 원활한 소통이 가능한 그들의 말로 바꾸어 가고 있습니다.

노가다판을 아시나요? 봉제 골목과 인쇄 골목에서 일하는 이들의 전문적인 능력을 인정하시나요? 수술실의 의사만큼이나 이들도 중요한 일을 하는 전문가임을 인정한다면 이들이 쓰는 말을 이들의 손에 맡기는 것도 방법입니다. 이들은 '일제의 잔재'라고 일컬어지는 정체불명의 외래어에 대한 '공구리 지지층'이 아닙니다. 때가 되면 일본어를 쓰던 세대, 일본어를 알던 세대가 가고 새로운 세대가 그 자리를 차지합니다. '데파'와 '아루'의 역사가 100년을 넘어가고 있습니다. 머지않아 '테이퍼'와 '래디우스'의 시대가 열립니다. 혹은 '빗각'과 '반지름'이 그 자리를 차지할 수도 있습니다. 결정은 그들이 합니다.

정체 모를 용어가 수없이 눈에 띄는 서울 충무로의 인쇄 골목과 부산 범일동의 재봉틀 거리, 이 업계에 종사하지 않는 이들에게는 낯선 말이지만 이들에게는 전문용어일 뿐입니다.

LESSON I.
LIBRARY.

뉘 되션 말 보이고쟈 한다
ne doeshun mal bo-ighojia handa
I Corean words (to) learn want.

비 나를 션싱 디접 하갓너니
ně narul shiungseng dejiup haghannuni.
You (for) me teacher engage, will?

뇌 디졉 히솔리
ne dejiup ha ŏri.
I engage, can.

윌 미나 주갓슴마
ulmena dsooghasumma.
How much give him?

힌 달세 넉냥
han dalě nugh niang.
One moon four taels.

됴운 션싱은 맛맛이 디구말 삼머니
dio-oon shiunshengun matdangi degoogmal ammuni.
Good teacher should Chinese speech know.

되션말 보이기 쉽다
doeshun mal boigi sooipda
Corean speech (to) learn easy.

한글 띄어쓰기가 최초로 적용된 존 로스 목사의 한국어 회화책 『Corean Primer』, 영어 대역을 붙이는 과정에서 띄어쓰기가 적용되었을 것으로 보이는데 이 책과 《독립신문》을 계기로 한글 띄어쓰기가 일반화됩니다.

[03]

띄어쓰기의 역사

알면 알수록 어렵게 느껴지는 '띄어쓰기',
규정보다 소통이 먼저다

지금은 당연하게 느껴지는 띄어쓰기,
오랜 세월에 걸쳐 읽기에 좋은 글을 위한 노력의 결과

아버지는 가방에 들어가지 않습니다. 고속도로를 달리다 동시에 흥분할 지점을 지날 일도 없습니다. 서울에 시어머니들로만 구성된 합창단이 있을 리가 없고, 안동 사람들이 시체 육회를 먹을 거라고는 상상히기도 어렵습니다. 그런데 '아버지가 방에들어가신다'를 몇십 년째 우려먹고 있습니다. 여기에 '동시흥분기점, 서울시어머니합창단, 안동시체육회'가 더해집니다. 모두 띄어쓰기가 얼마나 중요한지, 그것을 잘못하면 어떤 혼란이 올 수 있는지 보여주는 사례랍니다. 그러나 사례들이 모두 엉터리입니다. 띄어쓰기에 따라 뜻이 달라진다지만 상식

이 조금이라도 있는 사람은 잘못 띄어 읽어서 뜻을 혼동할 이유가 없습니다. 한글이 창제되고 난 후 400여 년 동안 띄어쓰기 없이 잘 읽었고 최근까지도 띄어쓰기가 안 된 문자 메시지도 잘 끊어서 읽었습니다.

왜 우리는 띄어쓰기에 대해 어렵다고 생각하고 많은 불만을 가지고 있을까요? 중국의 한자, 일본의 가나, 그리고 서양의 로마자를 쓰는 이들은 띄어쓰기에 대해 고민하는 일도 없고 불만도 별로 없는 듯하죠. 그러나 세계에서 가장 과학적인 문자라고 자부하는 한글로 글을 쓸 때 왜 띄어쓰기가 중요하고, 막상 정확하게 띄어 쓰려면 어려울까요? 이는 한글의 잘못도, 한국어의 잘못도 결코 아닙니다. 한글의 과학성 덕분에 띄어쓰기를 안 해도 되지만 하는 것이 더 좋습니다. 그런데 한국어의 특성상 띄어 쓸 단위를 결정하는 데 어려운 부분이 있습니다. 그래서 규정을 만들었는데 이왕 만들 거면 세세하게 만드는 것이 좋습니다. 여기까지는 필연이죠. 문제는 이에 대한 오해와 불만, 그리고 그 규정에 과도하게 집착하거나 무시하는 이들에게 있습니다.

띄어쓰기가 필요한가?

> 언어와 문자에 따라
> 띄어쓰기의 필요성과 정도가 달라

글보다 말이 먼저이니 '띄어쓰기'보다 '끊어 읽기'가 먼저입니다. 사람들은 말을 할 때 호흡의 길이 때문에, 그리고 뜻을 정확하게 전달하기 위해서 적당한 단위에 따라 끊어 읽습니다. 그러나 그 길이가 제각각이고 엄격한 규정이 있는 것도 아닙니다. 그렇다고 말을 잘 못 알아듣는 것도 아니니 끊어 읽기는 꼭 필요한 것은 아닙니다. 하나하나 끊어서 말하지 않더라도 듣는 사람이 적당히 끊어서 이해할 수 있으니 글도 마찬가지일 수 있습니다. 일정한 단위로 띄어 쓰지 않아도 읽을 수 있다는 것이죠. 실제로 그랬습니다. 띄어 쓰는 것이 너무도 당연해 보이는 로마자로 기록된 라틴어도 그랬고, 한자로 기록된 한문, 가나로 기록된 일본어가 그렇습니다. 우리의 옛 책이나 편지를 보아도 띄어쓰기가 거의 없었습니다.

    그런데 문자는 쓰기 위한 것이 아니라 읽기 위한 것, 그래서 띄어 쓰면 읽기가 편하죠. 라틴어에 익숙한 이들은 띄어쓰기가 되어 있지 않아도 글을 잘 읽을 수 있었지만 라틴어가 모국어가 아닌 아일랜드의 수도사들은 그것이 어려워 라틴어를 띄어 쓰기 시작했습니다. 그 효용이 알려지자 이 띄어쓰기가 유럽 전역으로 퍼져나가 로마자를 쓰는 모든 언어에 적용되기 시작해 오늘날엔 당연시되고 있습니다. 'Iloveyou'와 'I love you'를 비교해 보면 확실히 그렇습니다. 앞엣것은 어디에서 끊어 읽어야 할지 알기 어려우니 뜻을 파악하는 데 한참 걸리지만 뒤엣것은 보자마자 뜻이 들어옵니다. 확실히 띄어 쓰는 것이 좋습니다.

그러나 띄어쓰기가 반드시 필요한 것은 아닙니다. 위의 영어와 같은 뜻의 중국어 문장 '我愛你'는 글자 하나하나가 독립된 뜻을 가지고 있으니 굳이 띄어 쓸 필요가 없습니다. 같은 뜻의 일본어 문장을 일본의 고유문자로 'わたしはあなたをあいしています'와 같이 쓰면 읽기 어렵지만 '私は貴方を愛しています'와 같이 한자를 섞어 쓰면 뜻을 나타내는 부분인 한자와 문장을 구성하기 위한 요소인 가나 표기가 적절히 섞여 있어 굳이 띄어 쓰지 않아도 읽는 데 큰 지장이 없습니다. 한자는 띄어 쓸 필요가 거의 없고 한자를 섞어 쓰는 일본어도 굳이 띄어 쓰지 않아도 됩니다. 결국 띄어쓰기는 당위가 아니라 필요에 의한 선택입니다.

한글은 반드시 띄어 써야 하는 것은 아닙니다. '나는당신을사랑합니다'라고 써도 조금만 주의를 기울이면 잘 읽어낼 수 있습니다. 이는 'ㄴㅏㄴㅡㄴㄷㅏㅇㅅㅣㄴㅇㅡㄹㅅㅏㄹㅏㅇㅎㅏㅂㄴㅣㄷㅏ'와 같이 풀어쓰지 않고 음절 단위로 모아 쓰게 고안된 한글 덕분이죠. 그래서 400년이 넘는 기간 동안 띄어 쓸 생각을 아무도 하지 않았습니다. 임금을 가리킬 때는 그 앞을 비우기도 했으니 띄어쓰기를 전혀 몰랐던 것은 아닌 만큼 굳이 혹은 반드시 띄어 쓸 필요는 없다고 생각했던 것이라 보는 편이 맞죠. 한글을 풀어쓰면 로마자와 비슷해져 반드시 띄어 써야겠지만 음절 단위로 모아 쓴 한글은 꼭 그래야만 하는 것은 아닙니다. 이 또한 한글의 장점이기도 하니 그 장점을 살린 표기이기도 하죠.

한글 띄어쓰기의 역사

> 1933년 한글맞춤법통일안 제정,
> 1988년 더 세밀하게 전면 개정

그런데 우연한 기회에 한글 띄어쓰기의 장점이 확인되었습니다. 1870년대 말 스코틀랜드 출신의 목사 존 로스가 만주에서 의주 청년 이응찬에게 한국어를 배운 후 영어로 된 한국어 회화책을 만들게 됩니다. 한글 문장을 먼저 쓰고 줄을 바꾸어 로마자로 표기한 발음과 영어 대역어를 차례로 썼는데 영어 대역과 맞추다 보니 자연스럽게 띄어 쓰게 됩니다. 그런데 이리 써 놓으니 읽기가 더 수월해집니다. 이후 한글로만 써서 누구나 쉽게 신문을 보고 내용을 알 수 있게 하는 것을 목적으로 한 《독립신문》에 이 띄어쓰기가 적용됩니다. 띄어쓰기의 장점이 확인된 이상 신문과 잡지, 그리고 각종 출판물에서 띄어쓰기는 당연한 것으로 여겨지게 됩니다.

그러나 한국어의 띄어쓰기는 만만치 않습니다. 'I love you'는 그저 단어 단위로 띄어 쓰면 되지만 '나는 당신을 사랑합니다'는 생각해 보면 '나-는 당신-을 사랑-하-ㅂ니다'와 같이 단위를 끊을 수도 있습니다. 세세하게 나누면 이렇게 되는데 어떤 것은 붙이고 어떤 것은 띄어야 하는지 판단하기 어렵습니다. 그래도 이 정도 띄어쓰기는 대부분의 사람들이 동의하고 잘하지만 '너는 나를 사랑할 수밖에 없을 거야. 돌아서면 보고 싶고 눈 감으면 떠오를 테니까. 그때는 언제든 불러 줘, 바로 달려갈게'와 같은 문장들은 전문가들도 한참을 고민해야 할 문제가 수두룩합니다. 글자 하나가 곧 단어인 중국어, 단어에 다른 요소가 덧붙는 일이 드문 영어 등과 달리 문장을 이루는 핵심 단어에 다른 요소가 수없이 달라붙는 한국어는 띄어쓰기가 어려울 수밖에 없습니다.

띄어 쓰는 것이 좋지만 띄어 쓸 단위를 결정하기 어려워 저마다 띄어쓰기가 제각각이니 이에 대한 명확한 규정이 필요하죠. 그래서 1933년에 한글맞춤법통일안이 제정되면서 띄어쓰기 규정이 포함됩니다. 그리고 1988년의 맞춤법 전면 개정 때에도 띄어쓰기 규정이 한층 더 세밀하게 정비됩니다. 띄어 쓰는 것이 좋은데 띄어쓰기 단위를 결정하기 어려우니 규정이 필요하죠. 이왕 규정이 필요하다면 그 규정은 완벽해야 하고 치밀해야 합니다. 그러다 보니 '원칙'에 '다만'이 끊임없이 붙습니다. 현실이나 관용도 인정해야 하니 '허용'도 더해집니다. 그 결과 알면 알수록 어렵게 느껴지는 띄어쓰기 규정이 정착되었습니다.

띄어쓰기에 대한 분노와 조롱, 그리고 악용

> '원칙'에 '다만' '허용' 더해져 복잡,
> 학생들을 골탕 먹이려는 시험 문제 때문에 반감도 커져

띄어쓰기와 관련된 '아버지가방'의 역사는 1896년의 영어 잡지

《Korean Repository》에 윤치호가 쓴 「Commas or Spacing」이란 제목의 글까지 거슬러 올라갑니다. 윤치호는 '장비가말을 타고'를 예로 들어 띄어쓰기에 따라 '장비가 말을 타고'와 '장비 가말을(가마를) 타고'로 해석될 수 있음을 밝히고 있습니다. 그런데 애초부터 예시가 잘못되었습니다. 장팔사모(丈八蛇矛)를 움켜쥔 장비에게 어울리는 것은 당연히 가마가 아닌 말이죠. 설사 가마를 탄다고 하더라도 '장비 가마를'이 아니라 '장비가 가마를'이어야 하니 띄어쓰기 때문에 이 문장을 오해할 이는 드뭅니다. '아버지가방' 역시 마찬가지여서 당연히 '아버지께서 방에'라고 써야 할 뿐만 아니라 아버지가 아무리 약주를 과하게 드셔도 가방에 들어갈 일도, 아버지가 들어갈 만한 크기의 가방도 없습니다.

 '동시흥분기점', 그리고 '서울시어머니합창단'이나 '안동시체육회'에 담긴 조롱과 분노 역시 마찬가지입니다. 도로 표지판의 특성상 띄어 쓰지 않을 수도 있지만 누가 봐도 '동시흥 분기점'일 텐데 음란 마귀의 꾐에 빠져 엉뚱하게 해석합니다. 고유명사는 붙여 쓰는 것도 허용되니 이리 붙여서 써놓아도 '서울시 어머니 합창단'과 '안동시 체육회'로 읽어야 할 텐데 굳이 '시어머니'와 '시체 육회'를 끄집어내어 문제 삼는 이들이 있습니다. 이들의 내면에는 띄어쓰기 규정의 어려움과 복잡함에 대한 분노가 깔려 있습니다. '다만'으로 예외를 덧붙이고 '원칙'과 '허용'으로 이랬다저랬다 하는 것에 대한 불만도 표출하고 있습니다.

그러나 현재의 띄어쓰기 규정이 최선입니다. 한국어의 특성상 띄어쓰기 단위에 대한 생각이 저마다 다를 수 있어 규정을 만들었고 이왕 규정을 만들어야 한다면 치밀하게 만들어야 합니다. 그러다 보니 복잡다단해 보이는 현재의 규정이 되었습니다. 규정이 너무 빡빡하면 현실과 괴리될 수 있으니 꼭 필요한 예외와 허용 규정을 두었죠. 띄어 쓰는 것이 좋겠다고 생각해서 띄어쓰기 규정을 만들다 보면 여기까지 올 수밖에 없습니다. 띄어쓰기 단위에 대한 근본적이고도 어려운 고민은 연구자들이 여전히 하고 있지만 그 치열한 토론의 결과가 규정에 반영된다고 하더라도 모두가 만족할 만한 규정을 만드는 것은 근본적으로 불가능하죠.

문제는 지독한 원칙주의자들과 띄어쓰기 규정의 궁벽한 곳에서 해괴한 문제를 들고나와 학생들을 괴롭히는 국어 선생들에게 있습니다. 띄어쓰기가 좀 틀리면 어떤가요? 읽고 이해하는 데 지장이 없다면 되지 않나요? 문자 메시지는 다들 적당히 쓰고 찰떡같이 이해하지 않나요? '돌아보다'는 하나의 단위로 보는 사람도 있고 그렇지 않은 사람도 있는데 반드시 어느 한쪽으로 정해야 하는 것인가요? '아는 척한다'와 '아는척한다'는 누구나 헷갈릴 수 있는데 이런 것을 시험 문제로 내서 학생들로 하여금 띄어쓰기에 대해 진저리를 치게 할 필요가 있을까요? 중요한 것은 자유로운 소통이지 규정이나 시험 점수가 아닙니다.

띄어쓰기의 미래

> 적당히 띄어 써도 읽는 데 지장 없는
> 한글의 장점 최대한 살려야

띄어쓰기를 완벽하게 하는 것은 어려울지라도 띄어서 쓰는 것이 읽기에 편하므로 띄어쓰기가 사라질 가능성은 없습니다. 띄어쓰기에 대한 규정이 필요하다는 생각에 규정을 제정한다면 현재보다 더 나은 규정 혹은 더 많은 사람들이 만족할 규정이 만들어질 가능성도 희박하죠. 결국 띄어쓰기는 필요하지만 완벽한 규정은 불가능하니 어느 지점에서든 적당한 타협점을 찾아야 합니다. 방법은 여러 가지입니다. 규정에 따라 엄격하게 띄어 쓰는 것과 규정을 폐기하고 쓰는 사람 마음대로 띄어 쓰도록 하는 것까지 포함해 그 사이의 모든 것이 방법이 될 수는 있습니다.

북한에서는 일찌감치 느슨한 규정을 적용하고 있습니다. 우리는 단어 단위로 '할 수 있다'와 같이 띄어 써야 하지만 북한에서는 의미 단위로 '할수있다'와 같이 붙여 쓰도록 하고 있습니다. 띄어 쓰는 규범에 익숙해져 있는 이들은 북한의 규정을 납득할 수 없겠지만 의미 단위로 적당히 읽고자 하는 이들의 눈에는 오히려 한눈에 뜻이 들어올 수 있어 좋아 보이기도 합니다. '남이냐, 북이냐' 어느 하나를 선택해야 하는 문제나 어느 쪽이 옳다고 확실한 결론을 내릴 수 있는 문제도 아닙니다. 그 기준은 어느 쪽이 소통에 유리한가와 어느 쪽이 이해하기에 쉬운가에 있어야 합니다. 띄어 쓰는 것이 좋지만 적당히 띄어 써도 읽는 데 큰 지장이 없는 한글의 장점을 최대한 살리는 것도 방법입니다.

아버지는 가방에 들어가지 않듯이 띄어쓰기 규정이 쓰레기통에 들어갈 일은 없어 보입니다. 폐지나 개정을 두고 싸우기보다는 적당한 자리에 규정을 놓아두고 너그러운 마음으로 쓰면 됩니다. 띄어 쓰는 것이 좋지만 한글은 적당히 띄어 써도 됩니다. 고속도로에서 흥분할 일은 없으니 엉뚱하게 오해하지 않으면 됩니다. 시어머니와 안동 사람들을 끌어들여 이상한 사람들을 만들지 않으면 되고 띄어쓰기가 조금 잘못됐다고 초등학교도 안 나온 사람 취급을 하지 않으면 됩니다. 규정보다 소통이 먼저다. 일부러 '개떡'같이 글을 엉터리로 쓰는 이는 없으니 그 글을 '찰떡'같이 이해하려는 마음이 먼저입니다.

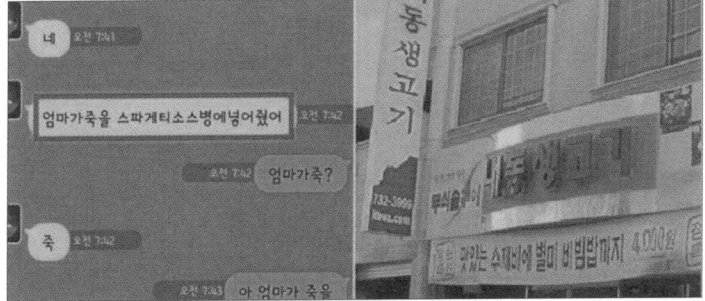

띄어쓰기가 중요하다는 증거로 떠도는 사례들. 그러나 음란 마귀나 이상한 콩깍지가 씐 사람이 아니라면 잘못 읽을 이유가 없는 사례들이기도 합니다.

대한민국 역사박물관에서 바라본 경복궁 전경, 이곳에 살던 이들이야말로 대대로 서울에 살아왔으니 '진짜 서울말'은 이곳에 살던 사람의 말이라 해야 할지도 모릅니다.

[04]

서울말

전국 각지 사람이 모여 사는 서울,
서울말은 융합과 포용의 말

▌ 변화를 거듭해 온 서울말,
200여 년 전의 서울 토박이 정조의 눈엔 뒤죽박죽?

뒤죽박죽, 이것은 200여 년 전 서울에 살았던 40대 중년 사내의 편지 속에 담긴 말입니다. 사내는 1752년에 태어나 1800년에 세상을 떠나기까지 종로구 창경궁로 185번지를 한 번도 떠나지 않았죠. 할아버지와 아버지 또한 종로구 율곡로 99번지에서 태어나 평생을 인근에서 살았으니 이 사내는 골수 서울 토박이입니다. 그의 나이 열한 살 때 아버지가 할아버지의 손에 죽임을 당했으나 할아버지의 엄격한 훈육을 받으며 성장해 당대 최고의 독서가이자 이 집안 출신으로는 유일하게 개인 문집까지 냈습니다. 활을 쏘면 50발 중 일부러 49발만 맞힐 정도의 명사수였으니 문무를 겸비한 인재였죠. 조선의 가장 높은 자리에서 24년간 수많은 업적을 남긴 이 사내를 우리는 정조대왕으로 기억하고 있습니다.

문장에 통달한 이였으니 당대의 문체에 특별한 관심이 있었는데 문장에 대해서는 지독한 '꼰대'이자 '꼴보수'였죠. 당시에 유행하는 자유로운 문체로 쓴 글을 패관잡문이라 하여 탄압했고 박지원의 『열하일기』 문체가 잡스럽다 하여 죄를 묻겠다고 공언할 정도였죠. 이런 그가 사적인 편지를 수없이 남겼습니다. 세손 시절에는 숙모에게 "가을바람에 기후가 평안하오신지 문안 알고자 바라오며"로 시작되는 귀여운 한글 편지를 쓰더니 나이가 들어서는 신하에게 300여 통의 한문 편지를 남겼습니다. 말술에 골초, 툭하면 격노를 일삼던 이 사내는 편지에 '胡種子(호로자식)'란 표현을 주저 없이 쓰기도 했고 한문 편지 중간에 '뒤죽박죽'을 한글로 써 놓았습니다. 이런 그가 오늘날의 서울말을 보고 듣는다면 과연 뭐라 할까요?

'했그등여'와 서울말

> "서울 사람두 사투리 쓰거등여."
> 서울 사람은 표준어 화자가 아닌 서울 사투리 화자

서울 사투리에 대한 관심이 뜨겁습니다. 말, 특히 방언을 전문적으로 연구하는 이들의 관심이 아닌 보통 사람들의 관심이죠. 인터넷상에서 1960년대부터 1990년대의 말까지 차례로 비교하며 그 변화 양상까지 상세하게 소개합니다. 급기야 개그 프로그램에서 1990년대의 젊은이 말투에 나타난 특징을 생생하게 잡아내어 화제를 불러일으키기도 합니다. 서울말도 사투리의 하나라는 것, 서울말이 곧 표준어는 아니라는 것, 서울 사람들이 모두 표준어를 쓰지는 않는다는 것을 알게 해줘 고맙습니다. 맞춤법에 따라서 '했거든요'로 쓰지만 실제의 발음은 '했그등여'인 것에, 당연히 '하다'일 것이라 생각하는데 주의 깊게 들어보니 '허다'인 것에 많은 사람들이 놀라워하고 공감합니다.

그런데 이것은 서울말이 아닙니다. 방언 연구의 전통적인 기준으로 보면 그렇다는 것이죠. 서울의 거리에서 인터뷰를 했을지라도 인터뷰 대상이 서울 사람일 것이라는 보장이 없습니다. 서울에 사는 사람이라도 적어도 3대, 즉 100년 정도는 대대로 서울의 사대문 안에 산 사람의 말이어야 서울 토박이말이라 할 수 있습니다. 60대 이상이라야 하고, 교육은 많이 받지 않아야 했으며, 3년 이상 타지 생활을 경험하지 않은 사람의 말이라야 합니다. 이런 기준으로 보면 인터뷰에 나온 말, 개그맨들이 포착해 낸 말은 서울말이라는 증거가 전혀 없습니다. 또한 전통적인 기준으로 조사한 서울 토박이말과 부합하지 않는 것도 많습니다.

그러나 이것은 틀림없는 서울말입니다. 방언 혹은 사투리를 새로운 기준으로 정의하면 그렇다는 것이죠. 방언을 '시골

말' 혹은 '표준어가 아닌 말'로 정의하는 것이 아니라 '한국어'라는 집합의 개별 원소로 본다면, '이 땅의 모든 말'을 종합하면 곧 '한국어'가 된다는 시각에서 보면 그렇습니다. '그때 그곳'에 사는 사람들끼리 널리 쓰이는 말이 곧 그곳의 사투리라고 보면 그렇습니다. 1990년대에 서울 거리를 활보하던 '젊은이'들이 '했그등여'라 말했으면 그것이 곧 서울 사투리이고 같은 시대를 사는 '늙은이'들이 '허다' '허구' '했에여'라고 말했으면 그것도 곧 서울 사투리죠.

서울말과 표준어의 역사

> '서울말'은 시대의 변화에 따라 서라벌, 개경, 서울 등의 말
> 함경도 말도 한때는 책 속의 서울말

대한민국의 서울은 서울입니다. 이 말이 가능한 것은 '서울'이 고유명사이자 '수도'를 가리키는 보통명사이기 때문이죠. '서울'의 어원을 경주의 수도인 '서라벌'에서 찾기도 하는데 이 주장의 옳고 그름과 관계없이 경주도 서울이었습니다. 신라의 천년이 다한 후에는 오백 년 동안 개경이 서울이었고 그 후에 육백 년 넘게 서울이 서울이었죠. 그러니 서울말은 특정 지역에 한정된 고정불변의 말이 아니라 시대에 따라 달라질 수 있는 말이죠. 이때의 '시대'는 '시간'이기도 합니다. 왕조의 교체에 따라 서울말이 달라지기도 하지만 시시각각 달라지는 언어

의 속성상 당시의 서울에서 같은 시대를 나누어 사는 모든 세대의 말이 곧 서울말인 것이죠.

한국어의 표준어는 서울말이 아닙니다. 고구려, 신라, 백제가 정립(鼎立)하고 있었던 때에는 경주, 부여, 평양 등의 말이 표준어였죠. 삼국통일 후에는 경주의 말이 표준어의 기능을 하다가 이후 개경과 한양의 말이 표준어가 되었습니다. 경주와 개경은 거리상으로 꽤 멀지만 신라의 핵심 세력이 고려의 건국에 대거 참여하면서 경주의 말이 개경을 중심으로 한 표준말에도 반영되었습니다. 훈민정음이 창제된 직후에는 공식적인 표준어가 없었으므로 문자의 창제자이자 당시의 가장 높은 이였던 세종의 말이 표준 문어로 채택되었습니다. 세종의 할아버지가 함경도 출신이었고 세종까지는 함경도 말에 익숙했던 것으로 보이니 최초의 표준 문어는 함경도 말이었죠.

오늘날의 한국어 표준어는 '교양 있는 사람들이 두루 쓰는 현대 서울말'만이 아닙니다. '주권을 잡은 로동계급의 당의 령토 밑에 혁명의 수도를 중심지로 하는 말', 즉 문화어도 표준어이죠. 이는 분단 이후 북녘에 세워진 정부를 인정하는가와는 별개의 문제입니다. 한반도의 북녘에서 쓰고 있는 말도 한국어라면, 그들이 공식적으로 표준어를 제정했다면 그것도 한국어의 표준어일 수밖에 없습니다. 다행스럽게도 이들의 표준어인 문화어는 분단 이전의 규범을 바탕으로 하되 지역적, 정치적 특성을 반영해 부분적으로 수정한 것이어서 남녘의 표준어와 큰 줄기는 같습니다. 두 개의 표준어를 인정해야 한국어의 덩어리가 커지고 그래야 '이 땅의 모든 말'을 포용할 수 있게 됩니다.

뒤죽박죽의 서울말과 표준말

> 급격한 산업화 과정서 수도권 팽창하며
> 각 지역 말이 뒤죽박죽, 서울말 변화 촉진

"지금처럼 벽파의 무리가 뒤죽박죽이 됐을 때는 종종 이처럼 근거 없는 소문이 있다 해도 무방하다. 이해할 수 있겠는가? 이만 줄인다." 18세기 서울의 중년 남자가 쓴 편지를 한글로 번역하면 이렇습니다. 편지 전체가 한문인데 화를 이기지 못해서인지, 이를 대신할 말을 찾을 수 없어서인지 '뒤죽박죽'만 한글로 적어놓았죠. 편지는 당쟁이 심하던 시기의 한 당파인 '벽파(僻派)'를 비난하는 것이었지만 이것을 '서울말'로 바꿔도 무방합니다. 비교적 정제된 문어(文語)를 두고도 문체반정을 일으킨 이였으니 문어보다 훨씬 더 자유로운 구어를 듣고는 '서울말 꼰대'의 관점으로는 도저히 눈 뜨고 볼 수 없을 지경이었을 것입니다.

신라의 서울말이자 표준말인 경주말은 자료가 없어서 판단할 수 없으나 고려의 개경말은 분명히 뒤죽박죽이었습니다. 고려를 건국한 왕건은 개경 출신이었고 수도 또한 이곳으로 정해졌습니다. 고려의 건국 과정에서 이 지역 출신들이 중요한 역할을 했지만 신라의 귀족들도 대거 고려의 건국에 참여하고 건국 후에 이 지역으로 이주하기도 했죠. 상황이 이렇다 보니 고려의 서울말은 한반도 중부 지역의 말과 남부 지역의 말이 섞이게 됩니다. 이 과정에서 중부 지역의 말이 케이크의 빵처럼 바탕이 되고 남부 지역의 말이 크림이나 초콜릿처럼 덧씌워졌을 수도 있습니다. 혹은 쌀 반죽에 고물과 소가 조화를 이루는 떡처럼 여러 지역의 말이 다양하게 조합되었을 수도 있습니다.

조선의 서울 한양은 개경과 가깝기도 하고 조선의 건국 세력이 고려의 핵심 세력과 큰 차이가 없으니 왕조의 교체에도 불구하고 서울말과 표준말은 큰 요동은 없었습니다. 다만 조선 건국의 주체가 함경도 출신이다 보니 함경도 말이 한글 창제 이후 초기의 문헌에 흔적을 남기고 있을 뿐이죠. 함경도 말이 최초의 문어 표준어였을 것이기 때문에 초기 한글 문헌에는 중부 지역의 말에는 없는 성조가 표기되었습니다. 그러나 조선 건국 후에도 함경도는 여전히 변방이었고 이 지역의 인물이나 풍습 등이 서울에 지속적으로 유입되지 않았으니 함경도 말은 서울말을 뒤죽박죽으로 만들 만큼 영향을 미치지는 못합니다.

조선 건국 이후 서울말과 표준말에 큰 영향을 미친 것은 호란과 왜란 등의 큰 전쟁이었습니다. 한반도의 중부까지 뒤흔들어 놓은 두 차례의 호란, 이보다 더 긴 기간 한반도 전체를 유린한 왜란은 사람들의 삶을 뒤흔들었을 뿐만 아니라 각지의 말이 섞이는 계기가 되었습니다. 한국전쟁은 이전과는 비교할 수 없을 정도로 이 땅의 사람과 말을 뒤섞어 놓았습니다. 수많은 사람들이 남과 북의 고향을 떠나 수도인 서울에 모여 살게 되었으니 한국전쟁 이후의 서울말은 훨씬 더 많은 변화를 겪게 됩니다. 1933년에 서울말을 기반으로 하여 제정된 표준어가 이후의 서울말과 달라진 큰 이유도 여기에 있습니다. 각지의 사람들을 따라온 말이 서울말과 뒤죽박죽되니 서울말은 큰 변화를 겪을 수밖에 없었죠.

포용과 융합의 말

> 토박이 드문 오늘날 서울말의 정의도 바꾸어야,
> 서울말은 지금 서울에 사는 모든 이들의 말

급격한 산업화 과정에서 서울 및 수도권의 팽창은 서울말의 변화를 더더욱 촉진했습니다. 각지의 사람들이 서울로 모여들다 보니 서울에는 서울 사람 아닌 사람들이 더 많아졌습니다. 서울이 점점 더 팽창하고 '수도권'이란 이름으로 더 많은 지역을 포괄하게 되니 서울 고유의 정체성도 유지하기 어렵게 되었습니다. 대대로 서울에서 살아온 토박이를 찾기가 어려운 상황, 서울로 이주한 이후 3대를 넘긴 사람들이 많아지다 보니 서울 토박이의 정의도 애매모호해지는 상황이죠.

이는 곧 서울말의 정의를 바꾸어야 함을 의미합니다. 즉 '대대로 서울에 살아온 토박이들의 순수한 서울말'이 아닌 '지금 서울에 살고 있는 모든 이들의 말'이라 정의해야 실재하는 서울말과 일치하게 됩니다. 서울말을 이렇게 정의하게 되면 '뒤죽박죽의 말'이 아닌 '포용과 융합의 말'이 됩니다.

한 나라의 서울은 각지의 사람과 물산이 모이는 곳입니다. 따라서 서울말에는 애초부터 많은 지역의 말이 녹아들 수밖에 없습니다. 그렇기 때문에 이 말을 표준어로 정해도 각지의 말과 두루 통하는 것이죠. 전쟁이나 산업화로 인해 더 많은 사람과 더 많은 말이 서울말로 편입되어도 좋습니다. 그럴수록 서울말과 이에 바탕을 둔 표준말은 더 두루 통할 수 있는 말이 됩니다.

200여 년 전의 그 사내가 지금의 서울에 온다면, 왕궁을 벗어나 서울의 골목을 누비며 산다면 그의 삶과 생각은 달라질 것입니다. 그 또한 '절친'을 만나면 '힙한' '포차'에서 '쏘맥'을 마시며 '생파'를 하고 '오늘은 지 생일이그등여'라 말하며 '아재 개그'를 남발할 것입니다.

조선의 양반네들이 몰려 살던 북촌 일대의 오늘날 풍경, 현대식 건물과 한옥은 물론 여러 나라의 말이 뒤죽박죽돼 있습니다.

6 에필로그

한글날

외국어·신조어 판쳐도 한국어는 여전히 건강,
자학하지 말지어다

> 한글날마다 반복되는 한글과 우리말에 대한 자학,
> 세종대왕의 의도와도 맞지 않아

한글날, 한글의 탄생을 축하하기 위한 날입니다. 일 년에 한 번 있는 특별한 날이니 모두의 축복 속에 기쁨으로 보내야 하는 날이죠. 당연히 생일에 대한 축하와 그 아버지에 대한 칭송이 넘쳐납니다. 세계 최고의 문자와 당대 최고의 언어학자이자 성군에 대한 자부심도 넘쳐납니다. 그런데 '문자'를 '언어'로 착각하는 이들 때문에 생일잔치의 풍경이 묘하게 바뀝니다. 세계 최고의 문자 한글은 외래어, 외국어, 외계어, 신조어에 의해 핍박을 받는 존재가 됩니다. 수많은 업적을 남기고 고이 잠들어 계신 세종대왕은 순수하지 않은 우리말, 바르고 곱지 않은 우리말의 현실 때문에 졸지에 '지하에서 통곡'하는 존재가 됩니다. 모두가 기뻐해야 할 생일에 축하와 자학이 공존하며 주인공이 통곡하는 풍경을 도대체 어떻게 받아들여야 하는 것일까요?

문자와 언어의 혼란

> 오로지 한국어를 적는 데만 쓰이는 한글,
> 이런 이유로 한글과 한국어를 혼동

"우수한 한글 놔두고…… 외국어 남발하는 교육기관, 사라지는 한글." 한글날이 되면 이런 제목을 단 기사들을 수없이 보게 됩니다. 한글날은 한글의 생일이고 '한글'은 문자이니 이날은 문자의 날이죠. 한글은 한국어를 적기 위한, 그리고 한국어를 적는 데만 쓰이고 있지만 언어를 가리키는 '한국어'와는 엄연히 다릅니다. 한글이 창제되기 전에도 한국어가 있었고 지금까지도 한국어는 오롯이 살아 있습니다. 심지어 한글이 창제되지 않았을지라도 한민족이 중심이 된 나라가 지금까지 존재한다면 한국어는 이 땅에서 여전히 쓰이고 있을 것입니다. 문자보다 언어가 먼저였고 문자가 없어도 언어는 존재하며 한글이 아니어도 어떤 문자로든 한국어를 적을 수 있습니다. 너무도 많은 사람들이 여전히 착각하고 있지만 한글날은 당연히 문자의 날이지 언어의 날이 결코 아닙니다.

문자와 언어를 혼동하는 것은 다른 나라에서도 흔한 사례이지만 특정한 문자가 한 언어만 적는 데 사용될 경우 더 심합니다. 우연히도 한·중·일 삼국은 각각 한글, 한자, 가나라는 고유한 문자를 가지고 있고 각각의 문자를 원칙적으로는 자신의 언어를 적는 데만 씁니다. 따라서 각 문자를 보면 그것이 곧 그 언어라고 생각하는 경향이 강할 수밖에 없습니다. 그런데 우리는 역사적인 이유로 중국이나 일본보다 훨씬 더 크게 혼동합니다. 한자로는 우리말을 온전히 적을 수 없었기에 한글을 창제했으나 오랫동안 한자에 밀려 홀대를 받았습니다. 한글이 모두의 문자로 자리 잡을 무렵 일본의 지배를 받게 되면서 한글과 한국어를 사용하지 못하게 되었습니다. 이런 이유로 한글은 사대주의 극복, 그리고 자주와 독립의 상징이 되었습니다. 이 한글이 오로지 한국어를 적는 데에만 쓰이니 한글이 곧 한국어라는 의식이 확고해질 수밖에 없었습니다.

그러나 한글은 예나 지금이나 문자이고, 자주와 독립을 내세우며 한글과 한국어를 혼동하는 것이 허용되는 시대는 지났습니다. 자타가 공인하듯이 한글은 세계에서 유례를 찾을 수 없을 정도로 과학적인 문자이고 그것을 창제한 세종대왕은 무한한 존경을 받을 만한 대상이죠. 한국어는 사용자 수로는 세계 12위 또는 13위를 오가고 있으며 한류 열풍과 함께 한국어에 대한 관심이 폭발적으로 늘고 있습니다. 지금은 한국어를 탄압하는 어떠한 외세도 없고 인구가 계속 줄어 걱정이기는 하지만 사용자 수 순위로 열 손가락을 살짝 넘는 이 언어가 지구상에서 사라질 위기도 아직은 아닙니다. 그러니 한글과 한국어를 명확히 구별하며 이날은 한글이라는 문자의 날로 오롯이 기념해도 되고 기념해야 합니다.

한국어의 현실에 대한 자학

> 바르고 고운 '순수의 기준' 아닌
> 너와 나 우리 '소통의 차원'으로

"외국어로 뒤덮인 서울 거리…… '한글 간판' 설 자리 없다." 문자와 언어를 혼동하는 것이 흔한 일이니 넘어갈 수 있다지만 이 기사의 제목대로라면 한글 간판은 죄다 사라지고 한국어는 들리지 않아야 합니다. 평소에도 그렇지만 한글날 즈음이면 '한국어' '국어' '우리말' 등이 언급되면 특히 십중팔구 곧 죽어갈 중증 환자 취급을 받습니다. 순수하고 건강해야 할 우리말은 병균에 심각하게 오염되어 있으며 이를 치유하지 않으면 곧 한국어는 사라질 운명인 것으로 치부됩니다. 이런 우려가 제기된 지 수십 년이 지났으니 지금쯤이면 한국어는 사망 선고를 받았어야 할지도 모릅니다. 생일의 주인공인 문자에 대한 축하가 넘쳐나야 하는데 왜 이날만 되면 주인공도 아닌 한국어에 대한 자학적 진단이 넘쳐나는지 궁금하기 짝이 없습니다.

한국어는 곧 죽을병에 걸렸나요? 이런 진단이 있다면 진단의 근거가 되는 증세를 살펴봐야 합니다. 이들이 우려하는 증세는 방송에서 넘쳐나는 외래어, 거리에 즐비하게 늘어서 있는 외국어 간판, 귀로 쏟아져 들어오는 신조어들입니다. 여기에 어려운 한자어나 일본에서 만들어진 한자어까지 더해지고 거친 말과 비속어가 추가됩니다. 외래어, 외국어, 신조어와 같은 병균에 감염되고 거칠고 추한 말의 공격을 받아 우리말이 중병을 앓고 있다는 것이죠. 순수한, 바르고 고운 말에 대한 갈망과 이를 위한 노력에는 감사해야 하나 엄살은 경계해야 합니다. 우리 모두가 공유하고 있는 우리말의 몸 상태를 태생적인 약골로 보거나 후천적인 장애가 있는 것으로 보는 것 또한 삼가야 합니다.

　외래어는 다른 나라 말에 기원을 두고 있지만 우리말의 일부가 된 것이니 원칙적으로 시비를 걸면 안 됩니다. 외국어라고 해봤자 단어나 표현 몇 개이지 완전한 문장으로서 한국어를 대체하고 있는 것은 아니니 '새 발의 피'일 뿐이죠. 줄임말을 비롯한 신조어들은 반짝했다 사라지는 것들이 대부분이고 그중 일부는 널리 퍼져 함께 쓰고 있으니 탓할 일도 아닙니다. 이런 것들이 '남용'되는 것이 문제인데 특정 방송, 업계, 세대, 환경 등에서 남용될 뿐 이것이 한국어 전체를 좀먹지는 않습니다. 수십 년 전부터 이런 진단과 우려가 제기되었으나 한국어는 여전히 살아 있으니 본래 건강했거나 이미 내성이 생겼을 뿐이죠. 일부에서 남용을 하고 있지만 대다수의 사용자 사이에서 한국어는 여전히 건강한 몸을 유지하고 있으니 좋은

날 마냥 자학만 할 일은 아닙니다.

"한국어는 순수하고, 바르고, 고와야 합니다. 왜냐하면 한국어는 순수하고, 바르고, 고와야 하기 때문이다." 이런 논리로는 안 됩니다. 한국어는 한자어, 외래어, 외국어가 끼어들지 않은 순우리말이어야 한다는 것은 애초에 불가능하며 이러한 주장은 설득력도 없습니다. '바른 말, 고운 말'은 그나마 설득력이 있지만 바르고 곱다는 것의 기준은 여전히 문제가 됩니다. 규범, 사전, 문법서에 맞는 것이 무조건 바르고 곱다고 한다면 이것은 폭력입니다. 이런 것들은 언어 사용자들의 현실, 그리고 변화에 맞춰 만들어지는 것일 뿐 절대불변의 원칙이 있는 것은 아닙니다. 그러니 '그래야만 하기 때문에 그래야 한다'는 논리가 아닌 다른 논리가 있어야 합니다.

문제는 바로 너와 나, 그리고 우리!

> 말과 글은 함께 사용하는 사람 모두의 권리이자 책임의 대상, 정확하고 원활한 소통을 위한 모두의 노력 필요

현실에서 외래어나 외국어가 쓰이고 있다면 이는 그 나름의 필요성이 있기 때문이죠. 한글날을 맞이해 '북 페스티벌'을 열겠다고 하면 '순수'의 기준에서는 지탄의 대상이 되어야겠지만 쓰고 보는 이들이 '책 잔치'보다 선호한다면 '무조건 안 된다'가 아니라 그 필요성을 인정해야 합니다. 간판에 '3층, 찻

집, 가배차, 푸성귀 버무리, 과자, 겹빵'이라고 쓰지 않고 '3F, CAFE, COFFEE, SALAD, CAKE, SANDWICH'라고 써 놨다면 이것을 읽고 이해할 줄 아는 이들을 손님으로 맞겠다는 주인장의 의지와 이렇게 간판을 달아놔서 좀 더 '있어 보이는' 곳에서 즐기겠다는 손님의 취향을 인정해야 합니다. 한글날뿐만 아니라 평소에도 우리말 사랑의 중요성과 한국어의 순수성에 대한 이야기를 귀에 딱지가 앉을 정도로 들었을 텐데 주인장이나 손님은 왜 이런 것일까요? 이들 사이의 중요한 기준은 '순수한 한국어'가 아니라 장삿속과 내 돈 내고 내가 먹고 마시며 얻는 즐거움이죠.

　이 간판을 문제 삼으려면 '순수의 논리'가 아닌 '소통의 논리'를 내세워야 합니다. 이곳이 공공장소이거나 이곳에 가서 꼭 먹고 마시고 싶은데 간판을 읽을 줄 몰라서 가지 못하는 이가 많아야 합니다. 공중화장실을 그저 'Toilet'이라고만 써 놓거나 과거의 동사무소를 'Community Center'라고만 써 놓아서 이곳을 이용하고자 하는 이들이 찾지 못하는 것과는 차원이 다릅니다. 영어 간판을 쓰는 이, 그것을 보고 찾는 이들 모두 우리말 사용자들이고 그들에게는 그것이 더 선호되고 소통도 문제가 없으니 이들에게는 순수의 논리가 통하지 않습니다. 그리고 이 주인장이나 손님 모두 우리 주변의 사람이자 곧 '나'이기도 합니다. 순수의 논리를 내세워 지적하는 이도 '나'이고 그와 상반된 행동을 하는 이는 '너'이기도 합니다. 결국 '나'와 '너'만의 문제가 아닌 '우리'의 문제이죠.

신조어에 대한 문제도 마찬가지입니다. 줄임말을 비롯한 신조어는 '나'도 만들었었고 '너'도 쓰고 있습니다. 새로운 말들은 늘 만들어지고 많은 사람들의 검증을 거치며 '우리' 속에 살아남습니다. 그 대열에 모두가 동참해 왔고 말은 그렇게 늘 새롭게 만들어지게 마련이죠. 그러니 신조어이기 때문에 문제인 것이 아니라 소통이 되느냐의 문제입니다. 새로운 말을 몰라 소통이 되지 않는다면 쓰는 사람은 상대가 알아들을 수 있는 말로 바꿔야 하고 듣는 사람은 모르는 말을 익히려는 노력을 기울여야 합니다. 그런데 신조어에 대한 태도의 대부분은 후자이죠. 내가 못 알아들으니 불편하다는 것인데 그들도 그 말이 편하면 어느 순간 받아 씁니다. '너'에게 손가락질하다 '나'도 쓰고 있으니 결국 '우리' 모두의 것입니다.

말의 주인으로서의 태도

> '세계 최고의 문자' 한글로 적는
> 한국어에 대한 자부심을 다지길

한글은 세종대왕이 만들었으나 우리 모두의 것입니다. 한글 이전에도 한국어는 있었으니 한국어는 우리의 조상과 지금의 우리, 그리고 후손들이 공유하고 있는 것이죠. 세대를 거듭하며 면면히 이어져 내려온 한국어는 지금도 꿋꿋하게 쓰이고 있으니 태생적인 약골이거나 후천적인 장애가 있는 것은 아닙니다. 더욱이 한국어가 우리에게 깃들어 있고 그 한국어를 우리가 함께 만들어 가고 있으니 중환자 취급을 해야 할 이유도 없습니다. 문자의 생일에 굳이 언어를 바라보아야 한다면 제대로 바라보아야 합니다. 문자에 대해서는 한없이 '국뽕'에 빠지다가 언어에 대해서는 자학을 해서는 안 됩니다. 함께 만들어 가는 말인데 자책이 아닌 남 탓만 하는 것도 바람직하지는 않습니다. 모두가 말의 주인인데 주인이 스스로를 낮추고 남 탓만 한다면 한국어의 미래는 결코 밝지가 않습니다.

다행스럽게도 한글날만 되면 도돌이표처럼 반복되는 한국어에 대한 자학적 기사는 많이 줄어들었습니다. 그러나 몇십 년 전의 논조를 그대로 반복하는 보도와 통탄의 목소리는 여전합니다. 그것이 옳은 것이 되려면 '순수'가 아닌 '소통'의 차원에서 다시 논해야 합니다. 그리고 현실적인 필요가 있는 것에 대해서는 있는 그대로 인정하고 그 필요에 스스로가 동조하고 있다면 남 탓만 해서도 안 됩니다. 우리의 문자 한글로 기록되고 있는 한국어는 여전히 건강하며 세계로 뻗어나가고 있습니다. 한글날 즈음의 풍경은 이날의 주인공인 한글을 진심으로 축하해 주는 것으로 족합니다. 그리고 그것으로 적는 한국어에 대한 자부심을 다지며 모두가 주인이 되어 함께 건강하게 만들어 가려 노력하면 됩니다.

말과 글의 풍경

거리의 언어들, 생활어의 풍경들. 국어학자와 함께 살펴보는 언어경관

1판 1쇄 발행 2025년 10월 9일

지은이 | 한성우

펴낸이 | 조영남
펴낸곳 | 알렙

출판등록 | 2009년 11월 19일 제313-2010-132호
주소 | 경기도 고양시 일산서구 중앙로 1455 대우시티프라자 715호
전자우편 | alephbook@naver.com
전화 | 031-913-2018, 팩스 | 031-913-2019

ISBN 979-11-994033-3-8　03710

이 저서는 인하대학교 일반교수연구비 지원을 받아 수행된 연구임.

＊책값은 뒤표지에 있습니다.
＊잘못된 책은 바꾸어 드립니다.